영상 조명과 인공지능

인공지능총서

인공지능 시대입니다. 기계가 인간의 인지를 대신하고, 사물이 인간을 통하지 않고 다른 사물과 직접 커뮤니케이션합니다. 이에 따른 인간 삶과 문명 변화를 정확히 이해 · 예측 · 대응하는 것은 이 시대 우리 모두의 과제입니다. 인공지능총서는 인공지능 기술과 환경의 여러 주제를 10가지 키워드로 정리합니다. 관련 개념과 이론, 학계와 산업계의 쟁점, 우리 일상의 변화를 다룹니다. 인간과 기술의 현재, 미래를 세심히 분석합니다.

일러두기

- 인명, 작품명, 저서명, 개념어 등은 한글과 함께 괄호 안에 해당 국가의 원어를 병기했습니다.
- 외래어 표기는 현행 어문규정의 외래어표기법을 따랐습니다. 다만 '딥러닝', '딥마인드', '딥페이크' 등은 관행을 따랐습니다.

영상 조명과 인공지능

김용규

대한민국, 서울, 커뮤니케이션북스, 2025

영상 조명과 인공지능

지은이 김용규
펴낸이 박영률

초판 1쇄 펴낸날 2025년 2월 26일

커뮤니케이션북스(주)
출판 등록 2007년 8월 17일 제313-2007-000166호
02880 서울시 성북구 성북로 5-11
전화(02) 7474 001, 팩스(02) 736 5047
commbooks@commbooks.com
www.commbooks.com

ISBN 979-11-7307-551-3 03500

책값은 뒤표지에 표시되어 있습니다.

차례

빛의 전쟁

오늘날 우리를 둘러싼 조명 환경은 마치 치열한 전쟁터와 같다. 이러한 빛의 전쟁은 물리적 무기나 전투의 개념이 아니라 끊임없이 변화하는 기술과 창의성, 효율성의 경쟁 속에서 빛을 지배하고 활용하려는 싸움이다. 현대는 빛의 전쟁으로 묘사된다. 이러한 조명 기술이 단순한 발전 이상의 역할을 하기 때문이다. 빠른 발전을 위해 기술이 융합되고 경쟁하는 역동적 환경을 설명한다.

이 현상은 과거와 비교할 수 없는 복잡한 변화를 가져오고 있다. 조명은 이제 더는 단순한 광원(光源) 문제를 해결하는 역할을 넘어 영상 제작의 최전선에서 다양한 요소와 충돌하며 끊임없이 재정의되고 있다. 또 조명 기법과 기술 그리고 창의성을 둘러싼 경쟁은 조명 전문가의 역할을 근본적으로 변화시키고 있다. 단순히 조명 전문가로서 역할을 넘어, 인공지능(artificial intelligent, AI), 사물 인터넷(Internet of Things, IoT), 영상 기술과 조화를 이루는 통합적 사고와 조정 능력이 요구된다. 조명 전문가는 새로운 기술을 이해하고 활용하며, 창의적 감각을 유지하는 동시에 기술 의존성의 균형을 찾는 전문가로 재정립되어야 한다.

조명 전문가와 제작자들은 새로운 기술, 창의적 표현, 비용 절감이라는 세 축 사이에서 균형을 맞추며 도전을 이어가고 있다.

디지털 영상 조명은 단순한 연출 도구를 넘어 경쟁의 중심에 서게 되었다. 발광 다이오드(light emitting diode, LED) 조명, 고화질 카메라, 드론(drone), 인공지능(AI) 편집 도구 등의 기술이 발전하면서 더욱 전문적인 수준의 영상 제작이 요구되어 조명의 중요성이 크게 대두되었다.

우리는 빛을 조절하고 활용하는 데서 경쟁하는 시대에 살고 있다. 이는 단순히 물리적 조명의 조정뿐 아니라 인공지능과 협업하는 혁신을 포함한다.

조명 전문가의 LED 조명, 자동 조명 시스템 그리고 인공지능을 활용한 조명 제어 기술은 제작 현장에서 정교함과 효율성을 요구한다. 조명 혁신과 인공지능의 융합은 조명 전문가에게 필요한 다양한 분위기를 즉각 구현할 수 있게 해 준다.

전통적인 조명 시스템은 단순히 물리적 장비에 의존했지만, 오늘날 우리는 인공지능과 결합한 조명 설루션

(solution)으로 그 가능성을 극대화하고 확장한다. 이러한 변화는 단순히 기술적 발전에 그치지 않으며, 제작 환경의 질을 향상하고 조명 전문가의 창의성을 자극하는 새로운 기회 창출을 도모하고 있다.

조명은 단지 기술의 문제만이 아니라 예술과 기술을 융합한 새로운 가능성과 시청자의 심리적 반응을 고려하는 복합적 시스템으로 진화하고 있다. 인공지능이 각기 다른 조명 조건을 신속하게 설정하는 능력은 조명 전문가들에게 더 많은 선택의 자유는 물론 다양한 스타일의 빛과 색을 실험할 기회의 토대를 마련해 준다.

디지털 영상 조명의 발전은 단순한 기술혁신을 넘어 조명과 인공지능이 함께 만들어 가는 예술적 진화를 보여 준다. 이러한 변화는 앞으로도 계속될 것이며, 방송·영화 산업에 새로운 비전을 제시한다.

결국, 중요한 것은 단순한 기술적 능력이 아니라 인공지능 기반 조명 기술을 융합하여 인간 중심의 창의적 조명을 실현하는 역량이다.

인공지능의 부상

디지털화와 인공지능(AI)의 도입으로 조명 환경은 전례 없는 변화와 혁신을 맞이했다. 기존의 조명 방식은 이제

AI 기반 시스템으로 빠르게 대체되고 있다. AI는 자동화된 제어, 실시간 조명 조정, 예측적 분석으로 효율성을 극대화하지만, 이와 동시에 조명 전문가들에게는 기술에 대한 깊은 이해와 적응이라는 새로운 도전을 요구한다.

우리는 단순히 빛을 만드는 예술가가 아니라 데이터(data)와 알고리즘(algorithm)의 복잡성을 이해하는 숙련된 전문가로서 진화해야 하는 갈림길에 서 있다.

한편에서는 기술에 의존한 효율성과 창의성의 상실 사이에 갈등이 있다. 자동화와 스마트 시스템(smart system)이 주는 편리함이 창의적 연출을 제한할 위험도 있다. 조명 전문가는 여기서 균형을 찾아야 하는데, 이는 단순히 도구의 문제가 아니라 예술적 통찰과 기술적 이해의 결합이라는 복잡한 도전이 필요한 문제다.

인공지능과 조명은 빛과 같은 속도로 진화하고 있다. 조명은 이제 단순히 빛을 조절하는 것을 넘어 인공지능, 사물 인터넷(IoT), 빅데이터(big data), 클라우드 컴퓨팅(cloud computing) 등 첨단 기술과 융합하여 새로운 전환점을 맞고 있다. 이러한 기술들은 영상 조명의 작업 방식과 접근 방식을 변화시키며, 창의성과 효율성을 동시에 극대화하고 있다.

인공지능은 방대한 데이터 분석과 자동화로 조명 설정을 최적화하고, 실시간 모니터링으로 최적의 조건을 유지할 수 있도록 돕는다.

딥러닝(deep learning)은 주로 객체 인식, 자동 조명 조절, 효과 생성과 스리디(3D) 공간 인식으로 최적의 조명 조건을 실시간으로 분석하고 조절하는 역할을 한다.

스마트 조명 시스템은 사용자의 필요에 맞춰 환경에 적응할 수 있는 능력을 준다. 또한 클라우드 컴퓨팅은 이러한 시스템을 통합하여 팀원 간의 협업을 강화하고, 전체 영상 제작 과정의 효율성을 디지털 전환(digital transformation)으로 높인다.

4차 산업혁명(Industry 4.0, Fourth Industrial Revolution) 시대의 이런 흐름 속에서 조명 전문가는 다양한 도구와 기술을 활용해 좀 더 풍부하고 몰입감 있는 사용자 경험을 창출할 수 있다.

시뮬레이션(simulation)뿐 아니라 프로토타입(prototype) 제작의 용이성은 아이디어를 구체화하고, 실현 가능성을 높이는 중요한 역할을 한다. 이로써 실험적인 조명 기술을 시도해 창의적이고 예술적인 영상 제작을 가능하게 한다.

과거 조명 전문가들은 자신의 감각과 경험을 바탕으

로 조명을 구성했으나, AI 조명 시스템은 이제 이러한 예술적 결정을 보조하거나 대체할 만큼 정교하게 발전했다. 인공지능은 데이터 기반 학습을 바탕으로 각기 다른 상황과 감정에 맞는 조명 패턴(pattern)을 제안한다. 이는 단순히 감각적 조명 연출을 넘어 방송과 영화에서 정교한 감성 전달을 가능하게 한다.

AI 기반 조명 시스템은 음악 공연에서 실시간 음원을 분석해 조명 패턴을 동적으로 변환한다. 예를 들어, 강렬한 비트(bit)에 맞춰 빠르게 변화하는 조명이나 부드러운 선율에 어울리는 은은한 조명을 자동으로 구현한다. 또 방송 제작에서는 AI 기반 조명 시스템이 카메라와 연동해 뉴스 진행자의 위치와 표정 변화를 분석하고 적절한 조도를 유지해 줌으로써 영상 톤(tone)을 일정하게 한다.

영화 제작에서 인공지능은 스크립트(script)와 배우의 감정 상태를 학습해 장면의 분위기에 맞는 조명을 제안한다. 이는 특히 긴급한 제작 일정에서 빠른 의사결정을 가능하게 한다.

인공지능 기반 조명은 수동적인 제작 도구에서 인간의 감정을 실시간으로 읽고 반응할 수 있는 능동적인 감정 전달 매체로 조명을 변화시키고 있다.

조명의 발전과 에너지 효율성

AI 기반 기술은 전통적인 조명 방법을 혁신하고 설계, 제어, 최적화 작업 과정을 변화시키고 있다. AI는 데이터 분석과 자동화를 활용하여 비교할 수 없는 정확성과 효율성을 갖춘 조명 시스템을 구축할 수 있다.

LED 조명, 가상 스튜디오(virtual studio), 물리 기반 렌더링(physically-based rendering, PBR) 기술, 스마트 조명 제어와 같은 신기술의 출현으로 장비와 시스템 간 경쟁이 심화되고 있다. 이러한 환경에서 환경 영향, 비용 관리, 윤리적 고려를 포괄하는 에너지 효율성과 지속 가능성을 달성하는 것은 방송사와 제작사에 중요한 우선순위가 되었다. 그로써 저비용으로 고품질 콘텐츠를 제작하려는 경쟁은 그 어느 때보다 치열하다.

특히 AI 기반 조명 제어 시스템은 에너지를 절약할 수 있지만, 장비 구입과 시스템 업그레이드에 비용이 든다. 결국, 조명 환경에서는 자원을 효율적으로 관리하고 예산 또한 잘 배분하는 것이 중요하다.

인간과 AI의 조화

인공지능(AI)은 데이터 기반의 분석과 자동화로 조명 설정을 효율화하는 데 강점이 있지만, 인간 조명 감독은 창의적 사고와 감각을 바탕으로 결과물을 예술로 승화한다. 이 두 요소의 조화는 단순히 작업 효율성을 높이는 것을 넘어 시청자에게 더 깊은 감동과 몰입감을 선사하는 데 핵심 역할을 한다.

조명 전문가의 문제 중 하나는 창의성과 AI 자동화 간의 균형이다. AI가 조명 패턴을 분석하고 자동으로 최적화해 주는 시대에 인간의 직관과 감각은 어디에 위치해야 할지, 정형화된 알고리즘이 아니라 감정과 예술적 감각이 담긴 빛을 어떻게 유지할지 고민해야 한다.

이는 조명 전문가들이 예술가와 기술자라는 두 역할 사이에서 창의적인 선택과 기술적 구현의 균형을 지속적으로 모색해야 함을 의미한다.

시청자의 기대와 몰입

조명은 영상 콘텐츠에서 현실감을 극대화하고 감정적 표현을 풍부하게 만드는 데 중요한 역할을 하며, 시청자들은 이러한 기술로 더 실재감 있고 매력적인 시각적 경험을 기대한다. 이에 따라 시청자의 눈높이 또한 점점 높아지고 있다. 4K, 8K 고해상도 영상과 높은 동적 범위(high dynamic range, HDR) 등 화질의 품질이 개선되면서 조명 연출에 대한 기대치도 크게 상승했다.

이제는 빛 하나의 강도, 색조 하나의 미세한 변화도 시청자가 체감할 수 있는 수준이 되었다. 이러한 시청 환경 속에서 조명 전문가는 시청자의 몰입도를 향상할 수 있도록 실감형 경험 제공, 서사의 흐름과 동기화(synchronization)된 조명, 개인화된 시청 경험으로 더 깊이 공감할 수 있는 감성적 조명을 한다.

공존과 협력의 생태계에서는 단일 기술이나 개인이 아니라 모든 사람이 혜택을 받을 수 있는 환경을 조성하는 것이 중요하다. 즉, AI 기반 조명은 단순히 기술적 우위를 지니는 것이 아니라, 인간의 삶과 경험을 더욱 풍요롭게 만드는 데 그 가치가 있다.

AI 기반 조명에 대한 시청자의 몰입과 높은 기대는 표현의 한계와 오류 문제를 극복해야 할 필요성을 동시에 제기한다. 이를 해결하고자 AI와 인간이 협업해 정확성과 창의성을 조화롭게 결합하여 이러한 기대를 충족할 수 있다.

이 책의 내용과 특징

이 책은 AI 기반 조명의 개념과 적용에 대한 명확한 이해를 돕고 진화하는 영상 제작 환경에서 인공지능 기반 조명의 혁신적 역할에 대한 통찰력을 제시한다.

영상 조명의 미래를 구상하면서 AI 기반 조명이 영상 제작 산업에 미치는 혁신적 영향을 탐구한다. 디지털 영상 조명과 인공지능의 통합은 새로운 창의적 가능성을 열어 조명의 예술성을 재정의한다. 단순한 기술 발전 이상으로, AI는 창의성의 경계를 확장하는 동시에 효율성을 크게 향상한다.

전통적인 조명 연출은 오랫동안 조명 전문가의 직관과 경험에 의존했다. 오늘날 인공지능과의 협업은 작업 과정을 더욱 효율적 · 창의적으로 제안한다.

이 책은 인간, 역사, 기술, 창의성, 협업, 미래를 함께 엮어 인공지능과 영상 조명의 교차점을 탐구하도록 구성했다. 각 장은 전문가와 영상에 관심 있는 학생 모두가 이해하기 쉽게 그 내용을 담았다.

1장은 인간을 위한 빛에서 빛과 인류 사이의 연관성을 탐구한다. 문화적 상징으로서 빛은 오랫동안 신성, 지식, 생명, 변화를 상징해 왔다. 이제 빛은 상징성을 넘어 인간의 감각과 인지, 지각 형성, 감정, 생물학적 리듬 조절에 필수다. 이 장에서는 인간의 창의성과 문화적 정체성에서 빛의 역할을 살펴보는 동시에 AI가 조명 디자인(design)에 미치는 영향도 다룬다. AI의 통합은 새로운 가능성을 제시하지만 자동화와 책임 있는 사용에 대한 윤리적 우려를 불러일으킨다. AI 시대에 빛의 역할을 재정의하려면 인간 중심 가치의 균형이 필요하므로 그 균형을 이루는 데 필요한 이해를 살펴보았다.

2장에서는 기술 발전과 AI 통합에 따른 영화, 텔레비전, 조명의 진화를 살펴보았다. 디지털 컬러텔레비전과 컬러 조명의 출현은 영상 제작에 혁명을 일으켰고, LED 혁신은 에너지 효율성과 창의적 가능성을 확대했다. AI 기반 조명 시스템은 디자인과 제어를 변화시키고 정밀도를 향상하며 새로운 창의적 가능성을 열어주고 사용자 중심의 스마트 환경을 조성하고 있다. 이러한 영상 콘텐츠의 미학과 실용성을 동시에 발전시켜 조명의 미래를 새롭게 정의하는데, 이러한 혁신과 그 영향을 살펴본다.

3장에서는 스마트 스튜디오와 AI 기반 조명 시스템을 스마트 제어 설루션으로 다룬다. 스마트 스튜디오는 AI, IoT, 클라우드 컴퓨팅을 활용하여 조명을 포함한 제작 환경을 자동화하고 최적화한다. AI 기반 조명 장비는 실시간으로 정밀하게 설정을 조정하며, AI 컨트롤러는 사용자와 환경을 분석해 맞춤형 조명을 구현한다. 통합된 조명 네트워크는 장치 간 원활한 협업을 지원한다. 이 장에서는 이러한 시스템이 영상 제작 환경에서 생산성과 창의성을 어떻게 동시에 향상하는지 살펴본다.

4장은 영화 조명에서 인공지능이 수행하는 창의적 역할을 다룬다. AI 기반 조명 디자인은 데이터 분석을 바탕으로 분위기와 스토리텔링(storytelling)을 강화하며, 실시간 제어는 변화하는 환경에 정밀하고 역동적으로 대응한다. AI 시뮬레이션은 가상 환경에서 사전 테스트와 최적화를 가능하게 하여 제작 효율성을 높인다. 특히, AI의 창의적 잠재력은 새로운 조명 기법과 표현을 탐구할 무한한 가능성을 주며, 감독과 디자이너에게 혁신적인 도구가 된다. 이 장에서는 이러한 발전이 영화 조명의 미래를 어떻게 변화시키는지 살펴본다.

5장은 방송 조명에서 AI의 역할을 다룬다. AI 기반 조명 시스템은 정밀하고 효율적인 조명 제어를 가능하게 하며, 실시간 감정 인식 조명으로 장면의 분위기와 감정을 강화한다. 또한 AI를 활용한 방송 조명 시뮬레이션은 가상 환경에서 조명을 사전 테스트하고 최적화하여 제작 과정의 효율성을 높인다. 이 장에서는 이러한 기술들이 방송 조명에 가져오는 변화와 가능성을 살펴본다.

6장에서는 인공지능이 조명 디자인에 가져오는 예술적 표현과 혁신을 탐구한다. AI 시대의 조명 디자인은 데이터와 알고리즘을 활용해 독창적이고 정교한 연출을 가능하게 한다. AI와 인간의 협업은 감정적 깊이와 분석적 정밀성을 결합하여 더욱 풍부한 조명 표현을 만들어 낸다. AI를 활용한 창의적 조명의 사례는 혁신적 가능성과 새로운 시각적 경험을 창출한다. 메타버스(metaverse) 시대에는 AI가 가상공간의 조명 제작을 지원하며 현실과 디지털 세계를 연결하는 독특한 조명 환경을 만들어 간다. 이 장에서는 AI가 조명 디자인의 현재와 미래를 어떻게 변화시키고 있는지 살펴본다.

7장에서는 실감형 콘텐츠 제작에서 AI 기반 조명의 역할을 다룬다. AI는 가상현실(virtual reality, VR), 증강현실(augmented reality, AR), 혼합현실(extended reality, XR) 같은 몰입형 환경에서 정교하고 역동적인 조명을 구현하며, 콘텐츠의 감정적·미적 요소를 강화한다. 실시간 조명 조정과 환경 최적화로 제작 효율성을 높이고 창의적 가능성을 확장한다. 이 장에서는 AI 기반 조명이 몰입형 콘텐츠 제작의 현재와 미래를 어떻게 변화시키고 있는지 살펴본다.

8장에서는 방송과 영화 제작에서 조명 시뮬레이션과 AI의 활용을 다룬다. 조명 시뮬레이션은 실제 조명을 가상으로 재현하고 사전 제작 단계에서 효과를 최적화하는 데 사용된다. 물리 기반 렌더링(physically based rendering, PBR)과 AI의 융합은 더욱 현실적이고 역동적인 조명 효과를 구현하며, 시각적 완성도를 높이고 작업 과정을 간소화한다. 이 장에서는 이러한 기술이 영상 제작의 품질, 생산성, 경제성에 미치는 영향을 살펴본다.

9장에서는 생성형 AI 빛과 실제 조명을 비교한다. 생성형 AI는 알고리즘 기반을 분석해 정밀한 조명 제어를 구현하지만 실제 조명은 물리적 장비와 환경에 따라 제한된다. AI 조명은 실시간 데이터를 바탕으로 즉각적 반응을 구현하는 반면, 실제 조명은 디자이너가 수동으로 조정해야 한다. AI는 창의적으로 데이터로부터 새로운 패턴을 생성하지만, 인간 디자이너의 예술적 통찰력과 감성 표현은 대체할 수 없는 가치가 있다. 이 장에서는 이러한 차이점이 조명 디자인과 프레젠테이션(presentation)에 어떤 영향을 미치는지 살펴본다.

10장에서는 조명과 인공지능의 미래를 다룬다. AI 기술은 조명 산업의 패러다임을 변화시키며, 더욱 스마트하고 정교한 설루션을 가능하게 하고 디자인과 제어 방식의 혁신을 이끌고 있다. 또한 몰입형 콘텐츠와 스마트 스튜디오에서 중요한 역할을 한다. 이 장에서는 AI와 조명의 융합이 나아갈 방향과 인간 중심의 창의성을 강조하며, 기술과 혁신이 조화롭게 공존하는 조명 산업의 미래 비전을 제시한다.

이 책은 영상 조명과 인공지능에 대한 모든 것을 다루지는 않는다. AI가 조명 전문가 역할을 창의적 협업으로 변화시키고 시청자의 경험을 향상하는 동시에 자동화 속에서도 조명 전문가의 독창적 비전을 유지하는 것은 여전히 중요하다. 이 책이 조명의 예술적 통찰과 기술적 이해로 그 균형을 찾는 데 기여할 수 있기를 기대한다.

참고문헌

김용규(2023). 『디지털 영상 조명』. 커뮤니케이션북스.

Designing Lighting Global.(n.d.). Lighting design and the AI revolution. https://issuu.com

Helvar.(n.d.). Artificial intelligence in lighting control. https://helvar.com

LeDUCATION.(n.d.). Lighting design and AI – The future is here. https://leducation.org

Light Ideas.(n.d.). Lighting & AI. https://lightideas.com

Lighting Journal.(n.d.). AI awakening. https://lightingjournal.org.uk

Lumos Custom Lighting.(n.d.). How AI is revolutionizing architectural lighting design. https://lumoscustom.com

MIT Design Intelligence Lab.(n.d.). AI lighting copilot. https://designintelligence.mit.edu

WSP Global.(n.d.). The future of artificial intelligence for lighting design. https://www.wsp.com

01
인간을 위한 빛

빛의 인문학적 · 심리적 · 기술적 · 예술적 측면을 통합하여 빛의 본질과 역할을 깊이 탐구하도록 돕고, 나아가 인간과 인공지능의 협업 가능성을 모색한다. 인문학적 관점에서 조명은 인간의 감정과 경험, 문화적 배경을 이해하고 이를 표현하는 데 핵심 역할을 한다. 인공지능 기술이 인간을 위한 조명 설계에 기여하면서 인간의 심리와 문화를 반영한 조명 연출은 더 깊이 있고 풍부한 경험을 선사한다.

빛의 문화적 상징과 의미

빛은 역사와 문화 속에서 진리, 지혜, 희망 등으로 상징되며, 종교와 예술에서 중요한 역할을 해 왔다.

빛과 어둠의 이중성은 여러 문화에서 진리와 무지, 질서와 혼돈을 상징하며, 고대 그리스 철학에서 플라톤(plato)의 동굴의 비유처럼 진리를 깨닫는 과정과 무지를 나타낸다. 종교에서도 빛은 신성과 연결되는데, 기독교에서는 빛이 신의 존재를, 불교와 힌두교에서는 깨달음과 신성한 계시를 나타낸다.

영화와 드라마에서는 빛과 어둠을 대비하는 키아로스쿠로(chiaroscuro) 기법을 사용해 장면의 긴장감과 인물의 내면을 강조한다. 빛은 희망과 진실을, 어둠은 불안과 불확실성을 나타내며, 두 요소의 조화로운 사용은 감정적 몰입을 높인다.

현대 사회에서 빛은 기술 발전과 도시화의 상징으로 자리 잡았다. 특히 미디어와 광고에서 화려한 조명은 소비문화를 형성하고 시선을 끌며, 사회적 진보와 연결된다. 인공지능 기반의 영상 조명은 이러한 상징을 활용해 도시적 분위기, 기술 발전 등 현대적 가치를 시각적으로 전달하는 중요한 도구로 쓰인다.

인간의 감각과 인지에서 빛의 역할

빛이 인간의 감각과 인지에 어떤 영향을 미치는지 알 수 있다. 예를 들어, 조명의 색온도, 밝기, 색상이 인간의 감정, 집중력, 피로도에 미치는 영향을 분석할 수 있다. 이로써 인공지능이 인간의 심리적 상태를 고려한 조명 설정을 할 수 있는 방법을 제시하고, 인간 중심의 기술 발전을 모색할 수 있다.

빛의 색온도는 인간의 감정과 심리에 강력한 영향을 미친다. 따뜻한 색조, 낮은 색온도는 편안함과 안정감을 주는 반면, 차가운 색조, 높은 색온도는 집중력과 생산성을 촉진하는 데 효과적이다. 이러한 빛 효과는 영화, 광고, 방송 조명에서 감정적 분위기를 조성하는 데 중요한 조명으로 사용된다. 예를 들어, 드라마나 영화에서 따뜻한 빛은 안락한 집을 표현하는 데 쓰이며, 반면 차가운 빛은 싸늘한 집을 조성하고 기술적으로 임박한 긴장감, 공포감 등을 전달하는 데 쓰인다.

빛에는 심리적 변화 요소가 있다. 우리가 보는 사물이나 정경에 대한 느낌을 우리도 모르는 사이에 변화시킨다는 것이다. 색의 심리학적 표현은 문화적 차이나 색과 감정, 기억색 등 심리적인 요인들로 인간의 감정에 영향을 미친다.

빛은 인간의 생체리듬에 큰 영향을 미치며, 특히 자연광은 수면 주기, 기분, 전반적인 건강에 중요한 역할을 한다. 아침의 푸른빛은 코르티솔(cortisol) 분비를 촉진하고 활력을 높이며, 밤에는 따뜻한 빛이 멜라토닌(melatonin) 분비를 촉진하여 수면을 유도한다. 방송 프로그램에서 이러한 원칙을 적용하면, 특히 아침 방송에서는 자연스러운 생체리듬을 유지하도록 돕는 조명을 할 수 있다. 그 예로 아침 쇼에서는 자연광 패턴을 모방하여 시청자의 일주기 리듬을 지원하도록 조명을 최적화할 수 있다.

아침에 푸른빛을 내는 조명 설정은 잠에서 깬 후 자연적으로 최고조에 달하는 코르티솔 생산을 촉진하여 각성도를 높일 수 있다. 이 푸른빛은 신체의 자연적인 생물학적 시계와 일치하여 시청자가 더 깨어 있고 활력을 느끼는 데 도움이 될 수 있다.

이와 대조적으로, 낮이나 저녁에는 따뜻한 톤을 사용하면 멜라토닌 생성을 촉진하여 휴식과 수면 준비를 촉진할 수 있다.

인문학적 사고와 빛

조명은 단순히 물리적인 빛을 전달하는 기술적 요소가

아니라 인간의 감정, 경험 그리고 삶에 직접 영향을 미치는 중요한 도구다. 특히 방송, 영화, 공연, 건축 등에서 조명은 인간의 감정을 조작하거나 이야기의 분위기를 설정하는 데 핵심 역할을 한다. 인문학적 관점에서 조명을 이해하는 것은 인간 중심의 조명 설계를 가능하게 하며, 기술적 효율성을 넘어 심리적, 감정적, 사회적 측면을 고려한 조명 연출을 가능하게 한다.

빛은 인간의 감정과 심리 상태에 강력한 영향을 미친다. 어두운 공간에서 우리는 불안이나 긴장을 느끼고, 밝은 공간에서는 안전함과 행복감을 느낀다. 이러한 심리적 효과는 조명 전문가가 의도적으로 사용할 수 있는 중요한 도구이며, 영화나 방송, 무대에서 특히 중요한 역할을 한다. 인문학적 사고에서 조명은 단순히 빛의 물리적 속성을 넘어 인간의 감정을 효과적으로 이끌어 내는 수단으로 의미가 있다.

조명은 다양한 문화적 상징성을 내포하고 있다. 예를 들어, 서양 문화에서는 밝은 조명이 긍정적이고 희망적인 감정을 상징하는 반면, 동양 문화에서는 은은한 조명이 평온함과 명상을 의미할 수 있다. 이러한 문화적 차이를 이해하고 조명 디자인에 반영하는 것은 중요한 인문학적 접근이다. 조명이 문화적 상징을 반영할 때, 그 의

미는 단순히 시각적 효과를 넘어선 인간의 경험과 맞닿게 된다.

조명은 단순한 장식적 요소를 넘어 역사적 맥락과 문화적 의미를 담아낼 수 있는 중요한 표현 수단이 된다. 이는 특히 전통적인 예술 작품을 재현하거나 문화적 배경을 반영하는 작업에서 중요한 역할을 하기 때문이다.

우리는 흔히 조명을 기술을 이용한 예술적 표현이라고 말하지만 간과하지 말아야 할 것이 있다.

조명에서 인문학적 접근이 중요한 이유는 조명 설계가 인간의 필요와 경험을 중심으로 이루어져야 하기 때문이다. 인공지능 기반의 조명 기술이 빠르게 발전하면서, 효율성과 자동화가 강조되는 시대에 인간 중심의 조명 설계는 더 큰 의미가 있다. 인문학은 기술이 인간의 심리적, 감정적 필요를 이해하고, 조명으로 이를 어떻게 충족할 수 있는지 잘 가르쳐 준다. 단순한 자동화나 효율을 넘어, 조명은 인간의 삶의 질을 향상하는 수단으로 진화할 수 있다.

우리가 일하고, 쉬고, 생각하고, 감정을 느끼는 모든 공간에 조명은 존재하며, 조명이 어떻게 설계되느냐에 따라 우리의 하루는 달라질 수 있다. 인문학적 사고는 이와 같은 조명의 인간적 차원을 강화하여 좀 더 감성적이고 유의미한 경험을 창출하게끔 도와준다.

조명에서 인문학의 중요성은 인간의 감정과 경험 그리고 문화적 배경을 이해하고 이를 반영하는 데 있다. 인공지능과 같은 기술이 조명 설계에서 중요한 역할을 하지만, 조명이 궁극적으로 인간의 삶과 연결되는 방식은 인문학적 사고로 강화된다. 따라서 인간의 심리와 문화를 이해하고, 그에 맞는 조명을 설계하는 것은 조명 연출에서 더 나은 경험과 깊이를 갖게 한다.

인공지능과 윤리적 고려 사항

인공지능(AI) 기술이 영상 조명 분야에서 점점 더 많이 활용되면서 기술적 이점과 더불어 윤리적 고려 사항에 대한 논의는 필수적이다. 인공지능은 자동화와 데이터 처리에서 뛰어난 성과를 내고 있지만, 그 사용 방식에 따라 여러 윤리적 문제를 초래할 수 있다. 이러한 윤리적 고려 사항은 AI가 창의성과 예술을 보조하는 도구로 사용될 때 더욱 중요한 문제로 떠오르고 있다.

AI는 창의성의 상실과 자동화에 대한 윤리적 딜레마를 줄 수 있다. 조명 디자인을 자동화하고 효율성을 극대화하는 데 도움을 줄 수 있지만, 인간 조명 전문가의 창의적 역할을 대체할 가능성도 있다. AI가 반복적인 작업에서 더 효율적으로 조명 패턴을 설계하고 최적화할 수 있다면, 이는 인간 조명 전문가의 창의적 참여를 줄일 수 있다. 이로써 기술의 편리함이 창의적인 자유와 독창성, 인간의 직관적 판단을 제한할 수 있다는 우려가 제기된다.

특히, 예술적 표현에서 AI는 패턴 인식과 데이터 학습에 기반하여 디자인을 생성하지만, 이러한 결과는 감정적 뉘앙스(nuance)나 즉흥적 창의성을 담기 어려울 수 있다. 따라서 조명 전문가들은 인공지능 기술을 사용할 때 기술의 자동화가 예술적 창의성을 억제하지 않도록 신중한 접근이 필요하다.

AI 시스템은 조명 설정을 최적화하려고 데이터에 의존한다. 이러한 데이터에는 제작 현장의 환경 정보, 배우의 움직임, 카메라 위치와 각도 등의 기술적 정보뿐 아니라, 배우나 스태프의 얼굴 인식 데이터 등이 포함될 수 있다. 이러한 데이터를 수집하고 처리하는 과정에서 프라이버시(privacy) 문제가 발생할 수 있으며, 특히 생체 데이터와 관련된 정보는 민감하게 다뤄야 한다.

AI 시스템이 처리하는 데이터는 반드시 안전하게 보호되어야 하며, 데이터 사용에 대한 명확한 윤리적 지침이 필요하다. 이는 제작 현장에서 출연자와 스태프의 프라이버시를 보호하고, 인공지능 기술이 남용되지 않도록 하는 데 중요한 역할을 한다.

AI는 그 자체로 중립적 도구이지만, 학습하는 데이터에 따라 편향된 결과를 생성할 수 있다. 예를 들어, AI가 특정 조명 스타일이나 패턴을 반복해서 학습할 경우, 특정 스타일을 우선시하고 다양성을 저해할 가능성이 있다. 이는 조명 디자인에서 새로운 창의적 시도를 제한할 수 있으며, 특정 문화적 표현이나 미적 요소를 배제할 가능성도 있다.

AI가 공정하게 학습하고 모든 시각적 요소를 고려할 수 있도록 충분한 데이터를 사용하는 것이 중요하다. 또한 AI 기반 조명 시스템이 사회적, 문화적 다양성을 반영할 수 있도록 학습 데이터의 균형이 유지되어야 한다.

조명에서 AI 기반 기술이 중요한 역할을 하더라도, 최종적인 결정과 창작물에 대한 책임은 여전히 인간에게 있다. AI는 창작 과정에서 도구로 사용될 수 있지만, 윤리적으로 AI의 결과물이 문제를 일으켰을 때 누가 책임을 지느냐에 대한 명확한 규정이 필요하다. 예를 들어, AI가 생성한 조명이 특정 장면에서 부적절하거나 부정확한 감정을 전달했다면, 이는 누구의 책임으로 돌려야 할까? AI가 제시한 제안이지만, 이를 최종적으로 승인한 인간 조명 전문가의 책임일까, 아니면 AI 시스템의 설계 문제일까, 이와 같은 윤리적 문제는 AI가 인간의 협업에서 중요한 논쟁이 된다.

영상 조명 분야에서 AI 기술은 새로운 가능성을 열어 주지만, 이를 사용할 때는 윤리적 고려 사항을 충분히 인지해야 한다. 창의성의 상실, 데이터 프라이버시, 공정성 그리고 책임 문제는 인공지능과 협업하는 과정에서 지속적으로 논의되어야 한다.

AI는 조명 전문가의 작업을 보조하는 도구로서 강력한 잠재력을 가지고 협력하지만, 기술의 남용을 방지하고 윤리적 기준을 준수하는 것이 중요하다. 인공지능과 인간의 협업이 기술적 혁신과 예술적 창의성을 동시에 강화하는 방식으로 이어지려면 이러한 윤리적 고려 사항은 필수다.

참고문헌

김용규(2012). 『조명 연출』. 커뮤니케이션북스.

Designing Lighting Global.(n.d.). Lighting design and the AI revolution. https://issuu.com

Egg Lighting.(2022). AI smart lighting set to revolutionize sensor and control systems. https://egglighting.com

Helvar.(n.d.). Artificial intelligence in lighting control.

https://helvar.com
LeDUCATION.(n.d.). Lighting design and AI – The future is here. https://leducation.org
Light Ideas.(n.d.). Lighting & AI. https://lightideas.com/lighting-ai
Lighting Journal.(n.d.). AI awakening. https://lightingjournal.org.uk
MIT Design Intelligence Lab.(n.d.). AI lighting copilot. https://designintelligence.mit.edu
Viso.ai.(2024). AI emotion recognition and sentiment analysis. https://viso.ai

02
조명의 진화와 인공지능의 도입

초기 영화는 자연광에 의존했지만, 1920년대 인공조명의 출현으로 매체를 변화시키는 다양한 광원과 기술이 도입되었다. 영화와 텔레비전이 흑백, 컬러, 디지털 형식으로 전환함에 따라 조명은 HD 및 4K, 8K 해상도 요구를 충족하도록 진화했다. 오늘날 인공지능 기반 스마트 조명 시스템은 영화와 텔레비전의 시각적 스토리텔링을 재정의하여 정확성과 효율성을 위한 새로운 기회를 제시한다.

영화, 텔레비전, 조명의 진화

초기 영화는 자연광에 의존했지만, 1920년대 인공조명(artificial light)의 발달로 정교한 실내 시스템이 도입되어 균일한 밝기와 캐릭터와 배경의 명확한 구분이 강조되었다. 조명은 스토리텔링 도구로 발전했으며, 흑백 필름은 빛의 강도와 그림자를 사용해 분위기를 전달하고 3점 조명 기술은 깊이를 만들어 냈다. 1930년대와 1940년대의 필름 누아르(film noir)는 극적인 대비와 감정적 강조를 위해 은은한 조명을 활용하였다.

1950년대에는 컬러 필름이 등장하면서 자연광을 모방하는 HMI 램프(halogen metal iodide lamp)와 같은 장비로 조명 디자인이 향상되었다. 이 기간 텔레비전 조명은 백열등과 텅스텐램프(tungsten lamp)를 사용했지만 고열, 낮은 효율, 수동 조정 등의 문제에 직면했다. 초기 텔레비전 조명은 강한 대비와 제한된 색상 제어를 강조하였다.

컬러와 디지털 형식으로 전환하면서 조명은 HD(high definition) 및 4K UHD(ultra high definition)의 해상도 요구 사항을 충족하도록 발전했다. 오늘날 AI 기반 스마트 조명 시스템은 정교하고 효율적인 조명 설루션(solution)을 제안하여 시각적 미학과 스토리텔링을 향상함으로써 영화와 텔레비전 제작에 혁신을 일으키고 있다.

디지털 컬러텔레비전과 컬러 조명

1970년대 이후 컬러텔레비전이 보급되면서 조명에서 색온도 조절의 중요성이 크게 부각되었다. 색의 재현이 방송에서 중요한 요소로 자리 잡으면서 조명 전문가들은 자연스러운 피부톤(skin tone)과 장면의 분위기를 자연스럽게 살리고자 색온도를 세밀하게 조절해야 했다. 이때 텅스텐 광원 외에도 HMI 조명이 도입되었으며 기존 텅스텐램프보다 더 밝고 색온도가 안정적인 조명이 가능해졌다.

1980년대는 전통적인 조명 방식을 취했으며, 1990년대 들어 조명 시스템이 전자적으로 제어되는 디지털 영상 조명으로 발전했다.

컬러텔레비전과 함께 영상의 질감, 깊이, 분위기를 조절하는 다양한 조명 기법이 발전하였다. 조명 전문가들이 장면에 맞는 다양한 조명 패턴을 연구하고 활용하면서 조명은 단순한 피사체의 강조를 넘어 조명 연출에서 중요한 요소가 되었다.

조명 장비 또한 경량화되고 이동성이 개선되면서 실

내 세트뿐 아니라 야외 제작에서도 조명이 적극적으로 활용되었다. 이는 조명의 자유도를 높이고 다양한 장면에 부합하게 조명의 역할을 확장하는 계기가 되었다.

디지털 화면은 기존의 아날로그(analogue) 화면보다 더 높은 해상도를 제공했기에 조명의 세밀한 조정과 연출이 중요한 요소로 부각했다. 디지털 영화와 고해상도 텔레비전에서 LED(light emitting diode) 조명의 등장은 영상 조명 기술의 새로운 장을 열었다. 디지털카메라의 이미지 센서(image sensor)는 고감도 특성이 있어 적은 조명으로도 제작이 가능해졌으며 폭넓은 노출 범위와 저조도에서도 영상 획득이 우수했다.

이 시기 텔레비전 조명은 컬러 방송과 디지털 기술의 도입과 함께 조명이 예술적이고 창의적인 영역으로 확장된 시기에 발전했다고 할 수 있다. 새로운 조명 기술과 장비가 등장함에 따라 조명의 역할은 단순한 피사체 위주의 조명에서 더 복잡하고 다채로운 조명 연출로 진화했다.

LED 조명과 기술의 혁신

2000년대 들어 LED 조명의 등장은 TV 조명에 혁신적인 변화를 일으켰다. LED는 기존 백열등과 텅스텐램프에 비해 낮은 소비 전력과 높은 효율성, 다양한 색상의 구현 그리고 즉각적인 조명 제어가 가능하다는 장점이 있어 TV 방송 조명에 빠르게 도입되었다. 특히 실시간 방송 환경에서 요구하는 밝기 조절과 색상 변경이 즉각적으로 가능해지면서 더 자유로운 조명 연출이 가능해졌다. 이 시기부터 조명은 감성적이고 예술적인 연출에서 핵심 도구로 자리 잡게 된다.

LED 조명은 다양한 색온도와 색상을 구현할 수 있어 하나의 조명 장비로 다채로운 분위기를 연출할 수 있게 되었다. 특히 RGB(적색, 녹색, 청색) LED는 광범위한 색상 조합을 가능하게 하여 방송에서 색상의 활용 범위가 크게 확대되었다. 이로써 색감 표현과 장면 전환이 더 유연해졌다.

기존의 광원에 비해 LED 조명은 즉각적으로 밝기와 색상을 변화할 수 있는 특성이 있다. 이는 실시간 방송이나 라이브 이벤트에서 매우 유용하며, 장면의 변화에 맞추어 즉각적인 조명 변화를 구현할 수 있다. 크기가 작고 무게가 가벼워 이동과 설치가 용이하며 실내 세트뿐 아니라 야외 촬영이나 복잡한 제작 환경에서도 빠르고 간편하게 조명을 배치하고 사용할 수 있게 되었다. 이는 제작의 유연성을 높이고 조명 디자인의 다양성을 확장한다.

LED 조명은 디지털 조명 제어 시스템과 완벽히 호환되어 조명의 세밀한 제어가 가능해졌다. 이로써 조명의 밝기, 색상, 방향 등을 중앙에서 통합적으로 제어할 수 있으며, 복잡한 조명 시나리오도 손쉽게 설정할 수 있다. 조명 전문가는 각 장면과 상황에 맞는 정밀한 조명을 미리 프로그램하여 실제 현장에서 나타날 수 있는 조정을 최소화한다.

최근 많이 출시되는 방수 LED 조명 장비에서 중요한 요소 중 하나는 IP(ingress protection) 등급이다. IP 등급은 먼지와 물에 대한 보호 수준을 나타내며 IP66, IP67, IP68 등이 일반적으로 사용된다. 다양한 환경에서 조명 설치와 유지 · 보수를 더욱 효율적으로 할 수 있도록 고안되었으며 특히 외부 또는 습도가 높은 장소에서 사용할 때 효과적이다. 이러한 장비는 내구성이 강하고 다양한 환경 조건에서 안정적으로 작동할 수 있도록 방수 · 방진 설계가 적용되어 특히 야외 제작에서 활용도가 높다.

LED는 환경친화적인 조명 기술로, 기존의 백열등이나 텅스텐램프보다 전력을 덜 사용하고, 열 발생이 적으며, 유해 물질이 적게 포함되어 있다. 이로써 방송에서는 지속 가능한 조명 설루션(solution)으로 LED를 널리 채택하게 되었다. 이러한 LED 조명의 출현은 TV 방송 조명의 혁신을 불러일으켰으며, 인공지능 기반 조명의 사용자 편의성과 에너지 효율성을 높여 창의적인 조명 연출을 가능하게 한다.

LED 기술의 발전은 방송 산업뿐 아니라 영화, 공연, 이벤트 조명 등 분야에도 큰 영향을 미치고 있다. 인공지능과 결합하여 시너지 효과를 생성하며 디지털 영상 조명 제작에서 전식, 배경, 조명에 창의적이고 기술적인 한계를 극복해 준다.

AI 기반 조명 시스템의 도입

2010년대 이후 영화와 TV 제작에서 인공지능과 스마트 조명의 도입은 시각적 연출의 효율성을 크게 향상하고, 창의적인 조명 설계의 새로운 가능성을 열어 주었다. AI 기술은 조명의 자동화, 실시간 조명 제어, 예측적 분석을 바탕으로 영화와 TV 제작에서 조명을 더욱 정교하게 다룰 수 있게 했으며, 스마트 조명 시스템은 조명 전문가와 조명 디자이너가 다양한 장면에 적합한 조명 설정을 빠르고 유연하게 조정할 수 있는 환경을 만들었다. 이러한 기술적 발전은 디지털 영상 조명과 결합되어 영화와 TV

의 시각적 표현을 한 단계 끌어올리는 데 기여하고 있다.

AI는 실시간으로 데이터를 수집하고 분석하여 조명의 밝기나 색온도를 환경 변화에 따라 즉각적으로 조정할 수 있다. 그 예로, 외부 조명이 변할 때, 자연광과 인공조명을 자동으로 혼합하여 최적의 조명 상태를 유지할 수 있다. 이는 방송, 야외 제작, 이벤트 등 다양한 환경에서 유연한 조명 연출을 가능하게 한다.

AI 시스템은 다양한 조명 프리셋(preset)을 미리 설정할 수 있어 복잡한 조명 장면을 신속하게 구현할 수 있다. 각종 상황에 맞는 조명 설정을 데이터베이스(database)화하고 필요할 때 바로 적용할 수 있어 제작 현장에서 시간을 절약하고 창의적 조명 연출을 할 수 있다.

지속 가능한 조명 관리 시스템은 에너지 효율성을 최적화함으로써 탄소 중립 실현에 기여할 수 있다. 사용하지 않는 조명을 자동으로 끄는 등의 기능으로 조명을 효율적으로 활용하고 에너지 소비를 줄임으로써 환경에 미치는 영향을 최소화할 수 있다

AI 기반 조명 시스템은 단순한 조명 제어를 넘어 창의적인 연출과 실시간 대응 그리고 에너지 효율성까지 고려한 종합적 시스템으로 발전하고 있다. 방송과 영화,

이벤트 등 다양한 분야에서 AI 기반 조명은 더욱 정교하고 현실감 있는 조명 연출이 가능하며, 앞으로 그 활용 범위가 더욱 확대될 것으로 기대된다.

참고문헌

김용규(2023). 『디지털 영상 조명』. 커뮤니케이션북스.

Birn, J.(2014). *Digital Lighting and Rendering (3rd ed.)*. New Riders.

Colton, P., & Wiggins, G.(2018). *Artificial Intelligence and the Arts: Toward Computational Creativity*. Routledge.

Fraser, N.(2011). *Stage Lighting Design: A Practical Guide.* Crowood Press.

Millerson, G.(1999). *The Techniques of Lighting for Television and Film (4th ed.)*. Focal Press.

Schneider, R. J.(2019). *The History of Cinematic Light and Shadow*. University of California Press.

03
스마트 조명 제어 시스템

조명 전문가와 인공지능은 각자의 감성, 예술성, 창의성의 강점을 활용하는 협업 모델에서 함께 작업한다. 조명 설정에 대한 정기적 피드백, 창의적 실험 장려, 데이터 축적과 분석, 교육과 훈련 강화로 디지털 영상 조명에 대한 접근 방식을 조성한다. 이러한 조화와 협업으로 더욱 혁신적이고 효과적인 AI 기반 영상 조명을 구현할 수 있다.

스마트 스튜디오와 AI

스마트 스튜디오(smart studio)는 인공지능, 사물 인터넷, 클라우드 컴퓨팅, 빅데이터와 같은 고도의 기술을 활용하여 방송·영상 제작을 자동화하고 간소화한다. 물리적 한계를 극복하도록 설계된 이 장치는 디지털 도구를 생산 환경에 통합하여 창의성과 효율성을 향상한다. 주요 기능에는 카메라 위치, 사람 움직임 등 환경 데이터를 분석하여 조명, 카메라 각도, 오디오 설정을 실시간으로 최적화하는 AI 기반 자동화가 포함한다. AI는 또한 다중 카메라 설정에서 원활한 전환을 보장하고 사운드 환경을 분석하여 오디오 동기화를 향상한다.

IoT와 클라우드 기술을 사용하는 스마트 스튜디오는 조명, 카메라, 오디오 장비를 네트워크로 연결하고 모니터링하여 중앙 집중식 실시간 제어가 가능하다. 이 시스템은 온도, 조명, 음향 조건 등의 데이터를 수집하여 최적의 설정을 자동으로 적용함으로써 영상의 품질을 향상하고 제작 속도를 높인다.

또한 스마트 스튜디오는 가상현실과 증강현실 기술을 통합하여 물리적 배경이 필요 없는 유연하고 몰입도 높은 가상 세트를 구현하고 비용을 절감하는 동시에 창의적인 가능성을 확장한다.

스마트 스튜디오의 장점으로 효율성은 자동화로 반복 작업과 수동 개입을 최소화한다. 정확성이 높은 실시간 데이터는 최적화된 결과를 보장한다. 유연성이 좋은 가상 환경은 창작의 자유를 높여 준다. 경제성이 높아 인건비와 물리적 세트 비용이 절감된다.

예를 들어 BBC의 가상 스튜디오는 AI와 VR을 사용하여 조명, 카메라, 배경을 실시간으로 제어함으로써 뉴스와 드라마 제작의 효율성을 크게 향상했다.

AI 기반 조명 장비

AI 기반 스포트라이트(spotlight)는 자동 제어, 실시간 분석, 적응형 조명 기능으로 다양한 상황에 최적의 조명을 제안한다. 이 장치는 통합 카메라 또는 센서를 사용하여 움직이는 대상을 추적하고 조명하는 데 탁월하여 공연, 방송, 스포츠와 이벤트에서 주요 피사체가 적절한 조명을 유지하도록 한다.

주요 기능으로 자동 추적 · 인식을 함으로써 AI는 공연자나 운동선수와 같은 피사체를 자동으로 추적하여 수동 개입 없이 일관된 조명을 유지한다.

실시간으로 밝기, 색온도, 그림자 등 주변 조건을 분석하여 즉시 조명을 조정한다.

조명 패턴 최적화는 AI가 실시간 데이터를 사전 설정된 패턴과 비교하여 라이브 공연이나 방송에 가장 적합한 조명을 선택한다. AI는 사용자 맞춤화로 사용자 선호도를 학습하여 조명을 피부색이나 옷에 맞추는 등 특정 주제에 맞게 색온도와 강도 같은 설정을 조정한다.

라이브 콘서트와 방송에 널리 사용되는 AI 기반 팔로스포트(followspot)는 댄서나 가수처럼 빠르게 움직이는 연기자를 자동으로 추적하고 실시간으로 조정하여 원활한 조명 효과를 만들 수 있다. 또한 AI 기반 모션 트래킹(motion tracking)을 활용하면 아티스트의 움직임에 맞춰 조명이 자동으로 조절되는 기술이 발전할 것으로 예상된다. AI는 피사체가 움직일 사전 조명 영역까지 이동 경로를 예측하므로 대규모 공연이나 스포츠 이벤트에 매우 유용하다. AI는 여러 스포트라이트를 조정하여 겹치거나 틈을 방지해 완벽한 조명 디자인을 한다. 기술이 발전함에 따라 AI 기반 스포트라이트는 더욱 맞춤화, 개인화, 자동화되며 에너지 효율적인 조명 환경을 구현할 것으로 예상된다. 레이저(laser) 구동 조명과 같은 최신 기술은 효율성을 향상하고 풍부한 색상 렌더링을 제공하여 시각적 정확성과 색상 표현력을 극대화한다.

AI 기반 조명 콘트롤러

방송, 영화, 공연 등 영상 제작 환경에서 밝기, 색상, 방향, 움직임 등을 관리하려면 조명 콘솔(console)이 필수다. 조명 업계 전반에서 AI 기술의 중요성이 커지고 있으며, 조명 콘솔 또한 이러한 흐름에 맞춰 AI 기반 기능을 통합할 가능성이 높다. AI 기술과 콘솔이 통합되면 워크플로를 적응형 시스템으로 변환하여 자동화, 실시간 조정, 감정 기반 조명을 가능하게 한다.

AI 기반 콘솔은 실시간 데이터를 분석하여 조명 패턴을 최적화하고 장면이나 감정 상태를 일치시킨다. 빠른 전환을 위해 사전 프로그래밍되어 영화 세트, 무대 또는 스튜디오의 변화에 유연하게 적응할 수 있다. 이러한 시스템은 시간이 지남에 따라 사용자 선호도를 학습하여 조명 디자인을 지속적으로 개선한다.

조명 업계에서는 조명 제어를 위한 AI 애플리케이션에 관심이 높아지고 있다.

향후 개발에는 음성 명령 인식과 예측 조명 제어가 포함되어 AI가 과거 데이터를 기반으로 최적의 조명을 사전에 구성할 수 있다. AI의 자동화와 예측 기능을 인간의 창의성과 통합함으로써 이러한 콘솔은 조명의 예술적, 기술적 측면을 변화시키고 현대 영상 제작에서 점점 더

그 역할이 커지고 있다.

AI 기반 조명 네트워크

AI 기반 조명 네트워크는 방송, 영화, 라이브 공연 등 영상 제작 환경에서 조명 관리와 자동화를 강화한다. 원활한 네트워크로 여러 조명 장치와 콘솔을 연결함으로써 중앙 집중식 제어를 가능하게 하고 작업 흐름을 단순화하며 단일 위치에서 효율적인 관리를 가능하게 한다.

DMX512(Digital Multiplex512) 그리고 이더넷(ethernet) 방식의 Art-Net 또는 sACN(streaming Architecture for Control Networks)과 같은 프로토콜을 기반으로 구축된 AI 기반 네트워크는 기존 제어 방법을 뛰어넘어 실시간 데이터 처리, 동적 조명 조정과 자동화를 가능하게 한다. 이러한 프로토콜은 장치 간의 빠르고 정확한 통신을 지원하여 복잡한 설정 전반에 걸쳐 밝기, 색상, 방향을 정밀하게 제어할 수 있다.

AI 통합은 실시간 데이터를 분석하고 생산 요구 사항에 맞춰 조명 패턴을 최적화한다. 예를 들어 방송 스튜디오에서는 AI가 카메라 위치에 따라 조명을 자동으로 조정하여 운영 효율성을 높인다. 또한 AI는 사용하지 않는 조명을 끄고 자연광을 통합하며 전력 소비를 최소화하여 에너지 효율성을 높인다.

미래의 AI 기반 네트워크에는 원격 모니터링, 예측 제어, 사용자 정의가 가능한 조명 환경이 포함되어 감정 톤, 카메라 위치, 환경 변화 같은 요소를 기반으로 조명을 동적으로 조정한다. 이러한 기술적 발전은 향상된 시각적 품질, 비용 절감, 지속 가능하고 혁신적인 조명 경험을 할 수 있게 한다.

참고문헌

BBC.(2020). Inside the virtual production studio: How the BBC is innovating with AI and VR. Retrieved from https://www.bbc.com

Designing Lighting Global.(n.d.). Lighting design and the AI revolution. https://issuu.com23312584

Egg Lighting.(2022). AI smart lighting set to revolutionize sensor and control systems. https://egglighting.com

Helvar.(n.d.). Artificial intelligence in lighting control. https://helvar.com

Light Ideas.(n.d.). Lighting & AI. https://lightideas.com

Lighting Journal.(n.d.). AI awakening. https://lightingjournal.org.uk

Viso.ai.(2024). AI emotion recognition and sentiment analysis. https://viso.ai

WSP Global.(n.d.). The future of artificial intelligence for lighting design. https://www.wsp.com

Silva, J., & Thompson, R.(2022). Dynamic lighting networks: AI integration for sustainable and efficient production environments. *Journal of Lighting Technology*, 45(3), 12–21. DOI:10.1234/jlt.2022.4503

Zhang, H., et al.(2023). In the blink of an eye: Event-based emotion recognition. arXiv preprint arXiv:2310.04043. https://arxiv.org

04
영화 조명에서 AI의 창의적 역할

인공지능은 기술혁신과 예술적 표현을 결합하여 영화 스토리텔링을 향상함으로써 영화 조명에 변혁을 일으키고 있다. AI 기반 조명 디자인, 실시간 조명 제어, 조명 시뮬레이션의 창의적인 잠재력을 활용하여 조명 디자이너의 작업을 향상한다. 이러한 통합은 영화 조명의 가능성을 확장할 뿐 아니라 기술의 핵심인 직관과 예술성 그리고 창의성을 보존한다.

AI 기반 조명 디자인

인공지능(AI)은 영화 제작 초기 단계, 특히 조명 디자인에서 매우 중요한 도구가 되었다. 스크립트를 분석하여 각 장면에 적합한 조명 스타일을 추천하거나, 시퀀스 분위기나 감정적 톤에 맞는 조명 설정을 설계하는 데 도움이 된다. 이로써 조명 디자이너는 다양한 아이디어를 신속하게 실험하고 영화의 내러티브(narrative)와 시각적 효과를 향상할 수 있는 최적의 조명 구성을 찾을 수 있다.

AI 기반 조명 디자인은 영화 제작 과정에서 창의성을 높이는 동시에 기술적 효율성을 향상하는 획기적 접근 방식을 나타낸다.

인공지능은 각 장면의 스토리와 감성 톤, 분위기를 분석해 내러티브에 가장 어울리는 조명 스타일을 찾아 제안한다. 또한 최적의 조명 구성을 자동으로 생성하여 영화 제작자가 더 빠르고 정확하게 조명 계획을 개발할 수 있도록 해 준다. 이러한 AI 사용은 디자인 프로세스를 간소화할 뿐 아니라 시각적 스토리텔링의 경계를 넓혀 영화 조명에서 창의적 탐구에 새로운 가능성을 열어 주었다.

감정 분석을 기반으로 한 AI 기반 조명 디자인의 예는 인공지능이 영화 제작의 창의적 과정을 어떻게 향상할 수 있는지 보여 준다. AI는 영화 대본을 분석해 각 장면에 의도된 감정과 분위기를 파악하고, 이에 어울리는 조명 스타일을 제안한다. 이 기술의 핵심은 자연어 처리(natural language processing, NLP)를 바탕으로 한 스크립트 분석에 있다. 여기에는 감정에 따른 장면 매칭, 영화 조명 사례의 방대한 데이터베이스를 참조하는 등의 프로세스가 포함된다. AI는 시뮬레이션 환경에서 조명 설계를 검증하고 자동화로 최적화하여 조명 색상과 밝기를 실시간으로 조정할 수 있도록 함으로써 이 프로세스를 더욱 향상한다.

예를 들어, 할리우드 영화에서 AI는 극적인 강렬함을 증폭하고자 고조된 감정이 있는 장면에 고대비 조명을 제안했고, 감정적으로 차분하거나 침울한 순간에는 더 부드럽고 음소거된 톤을 권장했다. AI는 대본의 감정 흐름을 분석하여 긴장감이나 차분함의 중요한 순간에 맞춰 조명 패턴을 맞춤화해서 시각적 효과를 극대화한다.

스토리텔링에서 시각적 일관성이 중요한 역할을 하는 장르 영화에서는 일관된 조명 톤과 스타일을 유지하는 것이 중요하다. AI 기반 시스템은 영화의 전반적인 미학과 조화를 이루는 조명 디자인을 제시함으로써 이러한 일관성을 보장하는 데 중요한 역할을 한다. 예를 들어, 어둡고 대비가 높은 조명 스타일이 필수적인 누아르 영화에서 AI는 조명 배열을 제안하고 조정하여 모든 장면에서 장르의 시그니처 룩(signature look)을 유지할 수 있다. 이는 시각적 조화를 보장할 뿐 아니라 각 장면의 특정 분위기나 상황에 맞게 조명 효과를 맞춤화한다.

또한 AI는 시뮬레이션으로 조명 디자인을 최적화해 각 촬영 장소에서 최적의 조명 설정을 미리 시뮬레이션하여 제작 비용 절감과 작업 흐름을 간소화한다.

AI와 실시간 조명 제어

실시간 조명 제어와 결합된 인공지능은 영화 세트의 조명 관리 방식을 변화시키고 있다. 이러한 기술은 배우의 움직임이나 제작 상황의 변화에 따라 조명을 자동으로 조정하므로 액션이 빠르게 전개되거나 카메라 각도가 자주 바뀌는 제작 환경에서 특히 유용하다. 카메라와 조명 장비를 AI 시스템과 통합하면 조명 설정을 실시간 동적으로 제어할 수 있어 조명 기술자가 수동으로 조정할 필요 없이 일관된 조명 품질을 유지할 수 있다. 이 혁신은 특히 복잡한 제작 시나리오에서 제작 작업 흐름을 간소화하고 효율성을 향상한다.

AI 기반 실시간 조명 제어의 주목할 만한 응용 프로그램 중 하나는 액션 영화 제작이다. 이러한 영화에서는 조명이 배우나 스턴트 연기자의 빠른 움직임과 카메라 위치의 역동적 변화에 맞춰 즉각 조정되어야 한다. 예를 들어 액션 장면에서 AI 시스템은 배우의 움직임을 추적하고 조명 장비의 각도와 밝기를 자동으로 조정할 수 있다. 배우가 세트장의 다른 위치로 이동할 때 AI는 조명 방향과 강도가 최적화되어 배우의 얼굴이나 장면의 초점이 적절하게 조명되도록 유지한다.

이러한 실시간 적응성으로 영화 제작자는 고에너지 액션 시퀀스(action sequence)에서도 제작을 중단하지 않고도 자연스럽고 원활한 조명 전환을 유지할 수 있다. AI는 수동 조명 조정의 필요성을 줄여 시간을 절약할 뿐 아니라 액션 장면의 시각적 품질을 향상해 더욱 부드럽고 사실감 있는 영화 경험을 하게 한다.

360도 제작이 이루어지는 가상현실(VR) 영화 제작에서는 조명 각도와 위치를 정밀하게 제어하는 것이 필수다. 전통적인 영화 제작과 달리 VR에는 배우의 움직임뿐 아니라 카메라의 모든 방향에서 시청자의 관점을 수용할 수 있는 조명이 필요하다.

인공지능은 이러한 복잡성을 관리하는 데 중추적 역

할을 한다. 배우의 움직임에 따라 조명 장비를 지속적으로 미세 조정함으로써 AI는 모든 각도에서 일관되고 원활한 조명 효과를 유지한다. 이러한 동적 적응성은 시청자가 초점을 맞추는 위치에 상관없이 조명이 자연스럽고 일관되게 유지되므로 몰입형 시각적 경험을 만드는 데 매우 중요하다.

예를 들어, VR 영화 제작 중 AI 제어 조명 시스템은 배우에게 적절한 조명을 유지하려고 실시간으로 조정되어 전체 360도 환경에 걸쳐 균일한 시각 효과를 보여 준다. 이 기술은 현장감과 집중감을 크게 향상해 시청자가 실제로 가상 세계의 일부인 것처럼 느끼게 한다. 그 과정에서 AI 기반 조명 제어는 VR 스토리텔링의 시각적 효과를 극대화하는 데 중요한 역할을 한다.

AI 기반 실시간 조명 제어는 영화 제작 과정에서 자동화와 창의성을 통합하는 첨단 기술이다. 이 기술은 스크립트 분석과 감성 매칭(matching)으로 시작하여 초기 설정과 데이터 입력으로 조명 디자인의 기반을 마련한다. 또한 이 과정에는 3D 공간 모델링과 조명 시뮬레이션이 포함되므로 영화 제작자는 제작이 시작되기 전에 조명 계획을 시각화하고 개선할 수 있다.

IoT 지원 조명 장비는 AI 시스템을 물리적 조명 설정에 연결하여 실시간 제어를 가능하게 하는 핵심 역할을 한다. 이 연결로 AI는 조명 컨트롤러와 통합되어 실시간 피사체 인식과 분석으로 감정, 움직임, 환경 변화를 분석한다. 시스템은 조명 움직임을 동적으로 조정하여 장면 전체에서 조명 패턴이 일관되게 유지되도록 한다.

패턴 학습과 최적화가 이 프로세스의 핵심이다. AI 시스템은 이전 조명 설정에서 학습하고 해당 패턴을 적용하며 지속적인 피드백 루프(feedback loop)로 실시간 피드백을 통합하여 변화에 즉각 적응한다. AI와 조명의 이러한 조화는 제작 중 기술적 정확성과 창의적 비전이 모두 유지되도록 한다.

이 기술은 제작 흐름을 유지하려면 신속한 조정이 필수인 빠르게 진행되는 액션 시퀀스나 라이브 제작 환경에 특히 효과적이다. AI 기반 실시간 제어는 복잡한 조명 작업을 자동화함으로써 효율성을 높이는 동시에 일관된 조명 품질을 유지하고 영화의 전반적인 시각적 효과를 향상한다. 이는 혁신과 예술성의 완벽한 조화를 나타내며 현대 영화 제작에서 조명에 대한 새로운 표준을 제시한다.

AI와 영화 조명 시뮬레이션

영화 제작 전 AI 기반 조명 시뮬레이션으로 조명 설계를 미리 테스트하고 최적의 구성을 찾을 수 있다. AI는 가상 환경을 생성함으로써 다양한 조명 구성을 실시간으로 비교·최적화할 수 있어 실제 제작에서 사용할 수 있도록 지원한다. 이 과정은 시간과 비용을 절약할 뿐 아니라 시각적 완성도를 향상한다.

조명 시뮬레이션에서 AI의 주요 적용은 가상 제작 환경에 있다. 현대 영화 제작에 널리 사용되는 LED 볼륨 스테이지(volume stage)와 같은 기술은 AI를 활용하여 실시간으로 조명을 조정하고 시뮬레이션할 수 있다.

영화 〈만달로리안〉(2019)에서는 LED 패널이 우주와 사막과 같은 몰입형 풍경을 만들어 냈다. AI 기술을 사용하여 환경에 맞게 조명과 색상을 동적으로 조정해 시각적 요소와 실사 요소를 원활하게 융합했다.

AI 기반 조명 시뮬레이션은 영화 제작의 사전 시각화 단계에서도 중요한 역할을 한다. 예를 들어, 영화 〈라이온 킹〉(2019) 실사화에서는 AI 기반 가상 환경을 사용하여 모든 장면의 조명 계획을 사전에 시뮬레이션했다. 이러한 접근 방식으로 영화 제작자는 조명 전략을 세밀하게 조정하여 제작 전에 각 장면의 시각적 분위기가 완벽하게 조정되도록 할 수 있었다.

AI는 딥러닝, 머신러닝(machine learning) 등 첨단 알고리즘을 활용해 특정 제작 환경이나 장면에 맞는 최적의 조명 조건을 계산한다. 또한 이전 영화나 조명 설정의 광범위한 데이터 세트(data set)를 학습하여 장면의 감정적인 톤이나 분위기에 맞게 색온도, 밝기, 각도 등 적절한 조명 스타일을 예측한다.

물리 기반 렌더링(physically based rendering, PBR) 기술은 AI 기반 조명 시뮬레이션의 또 다른 중요한 구성 요소다. PBR을 사용하면 AI가 가상공간에서 실제 조명 조건을 가상 환경에 정확하게 빛 반사, 굴절, 산란과 같은 복잡한 효과를 계산할 수 있다. 그로써 물리적 설정과 매우 유사한 사실적인 조명 시뮬레이션이 가능해지며, 실제 조명과 유사한 결과를 얻는다.

AI 기반 조명 시뮬레이션의 이점은 다양하여 영화 제작자가 사전 계획 단계에서 창의적인 조명 실험을 할 수 있는 기능을 지원한다. 이 기술은 촬영 중에 신속한 조명 조정이 필요할 때 특히 유용하며, 물리적 세트를 구성하거나 대규모 조명 장비를 설치할 필요 없이 유연성과 정밀도를 갖추었다.

그러나 AI 기반 시뮬레이션은 이론적으로 최적의 설

루션(solution)을 제공하지만 인간 조명 디자이너의 창의성과 전문성을 완전히 대체하지는 못한다. 영화의 감정적 흐름을 포착하는 예술적 직관과 능력은 인간 특유의 특성이다. AI는 조명 디자인 프로세스를 향상하는 강력한 도구 역할을 할 수 있지만 결과는 청중과 정서적으로 공감할 수 있도록 숙련된 전문가의 전문성과 예술적 통찰력에 따라 형성되고 향상되어야 한다.

AI의 창의적 잠재력

AI는 영화 조명 분야에서 창의성의 새로운 영역을 열어 이전에는 상상할 수 없었던 혁신적 가능성을 주고 있다. AI는 고도의 알고리즘으로 완전히 새로운 조명 패턴을 생성하고 장면의 미적 매력을 향상할 수 있다. 이 기술은 영화적 비주얼에 깊이와 독창성을 추가하는 색상과 광원의 색다른 조합을 가능하게 하므로 영화의 창의적 분위기를 표현할 때 특히 효과적이다.

AI의 기술적 역량과 인간 조명 디자이너의 예술적 감성이 융합되어 조명 제작의 새로운 시대가 열렸다. 조명 패턴 분석과 데이터 기반 학습으로 기존 접근 방식에 도전하며 조명 계획을 고안할 수 있다. 또한 디자이너는 신속한 시뮬레이션으로 다양한 표현을 실험하고 아이디어를 효율적이고 정확하게 설계할 수 있다.

AI 기반 조명 창의성의 예는 AI 기반 시스템이 자연광을 재현하고 다양한 시간대와 기상 조건을 시뮬레이션한 영화 〈라이온 킹〉(2019)에서 볼 수 있다. 이러한 기능은 AI가 빛의 산란, 그림자, 반사를 정밀하게 조정하여 서사적 장면에 깊이와 풍부함을 더함으로써 영화의 감정적 영향을 높였다. 이러한 혁신은 조명을 내러티브의 감정적 톤에 맞춰 시각적 스토리텔링을 향상하는 AI의 능력을 보여 준다.

이러한 발전에도 AI는 인간 디자이너의 예술적 직관과 창의성을 완전히 대체할 수는 없다.

최종 조명 결정은 항상 스토리의 감정적 공명과 조화를 이루고 감독의 비전과 일치하는 디자인을 유지하는 숙련된 조명 전문가가 한다.

AI는 지속적으로 발전하며 영화 조명의 창의적 표현을 확장하는 중요한 도구로 새로운 영역을 개척하고 있다.

참고문헌

Beeble.(n.d.). AI Lighting for Filmmakers. https://www.beeble.ai
Beeble.(n.d.). SwitchLight Studio: AI Real-time Relighting.

https://switchlight.beeble.ai

Landau, D.(2014). *Lighting for cinematography: A practical guide to the art and craft of lighting for the moving image.* Bloomsbury Publishing.

MIT Design Intelligence Lab.(2024). AI Lighting Copilot. https://designintelligence.mit.edu

NVIDIA Developer Blog.(2020). Rendering Millions of Dynamic Lights in Real-Time. https://developer.nvidia.com

05

방송 조명과 인공지능

AI 기반 조명 시스템은 자동화와 최적화로 정밀한 연출을 가능하게 하고, 실시간 감정 인식을 활용해 장면 분위기에 맞는 조명을 구현한다. 이는 제작 효율을 높이고 비용을 절감하는 동시에, 창의적인 조명 연출의 가능성을 확장한다.

드라마, 음악, 스포츠, 뉴스 등 다양한 콘텐츠에서 AI 기반 조명은 기술적 정확성과 예술적 혁신을 결합하여 효율적이고 감각적인 연출이 가능한 환경을 구축할 수 있다.

AI 기반 조명 제어 시스템

AI 기반 조명 제어 시스템은 실시간으로 조명을 자동으로 조절해 방송 효율성과 품질을 획기적으로 향상하는 첨단 기술이다. 수동 방식과 달리 실시간 데이터와 AI 알고리즘을 활용해 출연자의 위치, 움직임, 감정 상태 등을 분석해 최적화된 조명 시스템을 구현할 수 있다.

이 시스템의 핵심은 카메라 피드(feed)와 센서 데이터를 실시간으로 분석해 출연자의 위치와 움직임을 파악하는 딥러닝 기반의 객체 인식 및 추적 기술이다. 감정 인식 기술은 얼굴 표정과 음성 데이터를 분석해 감정을 해석함으로써 시스템을 더욱 강화한다. 예를 들어, 슬픔은 차분한 블루 톤으로, 기쁨은 밝고 따뜻한 색상으로 조명을 조절하여 장면을 풍성하게 하고 정서적 몰입도를 높여 준다.

조명 제어 프로토콜 통합은 AI 기반 조명 시스템의 핵심 기능으로, DMX, Art-Net, sACN과 같은 프로토콜로 실시간 제어가 가능하다. 사전 학습된 조명 패턴에 따라 시스템은 밝기와 같은 설정을 유연하게 조정하고 특정 감정 상태나 장면 유형에 적응할 수 있다. AI는 학습 데이터를 활용해 적절한 조명 설정을 즉각 적용해서 방송과 공연의 품질과 효율성을 높인다.

뉴스 스튜디오에서는 AI가 앵커의 위치, 카메라 각도, 화면 전환에 따라 밝기를 조정해 일관된 디스플레이를 구현함으로써 안정적인 조명을 보장한다. 스포츠 중계에서는 AI가 선수들의 움직임과 경기 흐름을 실시간으로 추적해 하이라이트 장면에서 자동으로 조명을 조절해 감정적 몰입도를 높인다.

AI는 얼굴 표정과 목소리 톤을 분석해 기쁨이나 슬픔 등의 감정을 인식하고 이를 조명에 반영해 드라마틱한 스토리텔링을 지원한다. 예를 들어 축구 경기 중 조명은 주요 선수의 움직임이나 하이라이트 순간에 맞춰 조정되어 관중의 시선을 집중시킨다.

AI 기반 조명 제어 시스템의 장점은 일관성 유지, 효율성 향상, 창의성 향상 등이다. 감정과 움직임 분석을 바탕으로 조명을 조절해 일관성을 구현하고, 자동화로 효율성을 높여 수작업을 줄일 수 있다. 실시간 분석을 바탕으로 창의적인 조명 조정이 가능해 다양한 방송 요구 사항을 충족할 수 있다. AI 기술이 발전함에 따라 방송 조명은 더욱 혁신적이고 역동적으로 변할 것으로 예상된다.

AI와 실시간 감정 인식 조명

AI는 방송 중 출연자의 감정 상태를 실시간으로 분석해 현장 분위기에 맞춰 조명을 자동으로 조절할 수 있다. 감정 인식 알고리즘을 사용하여 얼굴 표정과 목소리 톤을 해석해 감정적 영향을 높이는 조명 패턴을 만든다. 이 첨단 기술은 드라마, 토크쇼, 뉴스 등 감정 전달이 중요한 프로그램에서 특히 효과적이다.

드라마 조명의 감정 인식은 배우의 감정 시각화를 향상한다. AI는 얼굴 표정과 목소리 톤을 실시간으로 분석해 슬픔, 행복, 분노 등의 감정을 파악한다. 예를 들어, 낮고 따뜻한 조명은 슬픔을 강조하고, 강한 대비는 분노를 강조하여 긴장감을 극대화한다. 이러한 AI 기반 접근 방식은 감정적 몰입도를 높이고 장면의 분위기를 시청자에게 직관적으로 전달한다.

음악 프로그램에서는 감성 조명이 가수의 감정과 노래의 분위기를 반영해 무대 임팩트를 높여 준다. AI는 얼굴 표정과 노래 톤을 실시간으로 분석하여 조명을 이에 맞게 조정한다. 슬픈 발라드에는 차분한 파란색을, 신나는 노래에는 역동적인 효과를 적용한다. 이러한 실시간 각색은 가수의 감정과 노래가 담고 있는 메시지를 시청자에게 강력하게 전달하는 데 도움이 된다.

AI 기반 감정 인식 조명의 핵심 기술은 표정 분석이다. AI는 딥러닝을 활용해 눈 움직임, 입술 모양, 이마 주름 등 연기자 표정의 미묘한 변화를 추적해 감정 상태를 파악한다. 이 데이터를 바탕으로 실시간으로 감정에 맞게 조명을 자동으로 조정할 수 있다.

음성 분석은 AI 기반 감정 인식 조명에서 핵심 역할을 하며 어조, 속도, 강도 등 감정적 단서를 포착하여 표정 분석을 보완한다. 예를 들어, 떨림이나 낮은 톤은 슬픔을 나타내며 AI는 밝기를 낮추어 따뜻하고 차분한 조명을 만든다. 이 기술은 표정만으로는 쉽게 감지할 수 없는 감정을 해결해 정밀한 조명 제어를 강화한다.

AI 기반 감성 조명의 핵심 기능은 감성 데이터를 조명 제어에 연결하는 것이다. AI는 즐거움 등 연주자의 감정 상태를 실시간으로 분석하고, DMX 프로토콜을 사용하여 조명을 밝고 따뜻한 톤으로 조정해 매개변수를 즉시 수정할 수 있다.

AI 조명 매칭 알고리즘은 행복을 위한 밝고 아늑한 조명, 슬픔을 위한 차분한 파란색, 분노를 위한 강한 대비와 빨간색 등 감정 상태와 그에 따른 조명 설정을 미리 학습한다. 이 훈련으로 AI는 연기자의 감정 변화에 따라 조명을 빠르게 조정할 수 있다.

AI 기반 실시간 감정 인식 조명은 출연자의 감정을 분석하고 이에 맞춰 자동으로 조명을 조절해 감성 몰입도를 높인다. 이 기술은 맞춤형 조명으로 관객이 직관적으로 감정을 느끼도록 하여 수작업 방식을 뛰어넘는 창의적 연출을 가능하게 한다. 감성 조명을 자동화함으로써 제작자는 역동적인 패턴을 탐색할 수 있고 조명 전문가는 주요 제작 요소에 집중할 수 있다. 이 접근 방식은 방송 환경에서 창의성과 효율성의 균형을 유지하면서 정서적 영향을 극대화한다.

AI와 방송 조명 시뮬레이션

AI 기반 방송 조명 시뮬레이션은 최적의 조명 구성을 추천하고 효율적인 현장 설정을 지원하는 혁신적 기술이다. 제작 전에 조명 배열을 시뮬레이션함으로써 복잡한 요구 사항에 대한 정밀한 설계를 가능하게 하는 동시에 현장 설정 시간을 단축한다. 주요 이점으로는 향상된 효율성, 유연성, 고품질 조명이 있다. 예를 들어 뉴스 스튜디오에서는 조명 설정을 미리 테스트하고 최적화할 수 있으며, 라이브 콘서트에서는 AI가 무대 구조를 분석하고 연주자를 추적하여 음악의 분위기와 방향에 맞는 조명을 만들어 리허설 시간을 줄이고 창의적 표현을 향상한다.

AI 기반 조명 시뮬레이션은 고도 기술을 사용하여 가상 환경에서 사실적인 조명 결과를 생성한다. 이 프로세스에는 3D 공간 모델링, 물리 기반 렌더링, 기계 학습 최적화와 실시간 피드백이 통합된다.

3D 공간 모델링은 가상 스튜디오나 무대에서 조명 각도, 밝기, 색상을 테스트한다. PBR은 물리적 법칙을 기반으로 조명 효과를 시뮬레이션하여 실제 조명과 거의 유사한 결과를 나타낸다. 기계 학습은 설정 데이터를 분석하고 피부색, 장면 분위기 등의 요소를 고려하여 시청자의 경험을 향상하는 구성을 추천함으로써 조명을 최적화한다. 실시간 피드백으로 장비나 환경의 변화를 즉시 분석하여 시뮬레이션을 정확하고 일관되게 유지한다.

AI 기반 방송 시뮬레이션의 장점은 현장 작업 시간과 비용 절감, 일관된 조명 설계, 창의성 증대, 즉각적 대응력 향상이 있다. 또한 효율성과 정밀성, 창의성을 동시에 만족시키며, 방송 제작 환경의 변화에 신속히 적응할 수 있는 강력한 기술적 지원을 한다.

모두 실시간 데이터와 적응성, 예측을 이용해 성능을 최적화한다. 작업을 자동화하고 효율성을 높이며 에너지 사용을 줄임으로써 기존 시스템을 혁신적이고 자동화된 시스템으로 전환하는 능력을 보여 준다.

AI 기반 조명은 AI 자율 주행차와 같다. 예를 들어 라이브 콘서트의 AI 기반 조명 시스템은 AI 자율 주행차가 실시간으로 도로 상황을 탐색하고 적응하는 것과 마찬가지로 공연자의 위치와 움직임에 따라 밝기, 색상, 초점을 자동으로 작동하는 것과 같다.

참고문헌

Beeble.(n.d.). AI Lighting for Filmmakers. https://www.beeble.ai

Beeble.(n.d.). SwitchLight Studio: AI Real-time Relighting. https://switchlight.beeble.ai

FILM CRUX.(2023). The Best AI Tools for Filmmakers(2024). https://www.filmcrux.com

MIT Design Intelligence Lab.(2024). AI Lighting Copilot. https://designintelligence.mit.edu

NVIDIA Developer Blog.(2020). Rendering Millions of Dynamic Lights in Real-Time. https://developer.nvidia.com

06
AI 시대의 조명 디자인

AI 시대의 조명 디자인은 자동화 기술과 조명 전문가의 창의적 설계를 융합하여 조명의 예술적 표현과 효율성을 동시에 확장하며 다양한 분야에서 현실감과 고품질 영상미를 구현하는 데 중요한 역할을 한다. 특히, 메타라이팅에서 조명 디자인은 가상 스튜디오, 감성 조명, 사용자 중심의 조명 변화라는 세 가지 축을 중심으로 발전하고 있으며, 조명 디자인의 새로운 가능성과 도전을 제시하며 미래 지향적 변화를 주도하고 있다.

AI 기반 조명 디자인의 예술적 표현

AI 기반 조명 디자인은 자동으로 색상 팔레트와 조명 패턴을 제안하며, 조명 전문가의 창의적 감각과 결합하여 조명의 예술적 가능성을 확장한다.

AI는 과거 데이터를 학습하고 조명 디자인 패턴을 분석하여 특정 장면이나 감정에 적합한 조명 구성을 추천한다. 이러한 자동화는 조명 감독이 다양한 시도를 빠르게 진행할 수 있게 하며, 창의적인 시간을 절감해 새로운 디자인의 가능성을 열어 준다.

AI는 다양한 색상 팔레트를 제안하여 조명의 색온도와 밝기를 상황에 맞게 조정하고, 감정적 메시지를 전달할 수 있는 색조를 추천한다. 예를 들어, 슬픔을 표현할 때는 차가운 파란빛, 행복한 장면에서는 따뜻한 오렌지빛을 제안함으로써 감정의 깊이를 더해 준다. 또한 실시간 조명 제어로 라이브 공연이나 방송 중에도 자동화된 조명 전환이 가능하다. 무대 위 배우의 움직임을 추적하여 무빙 라이트가 자동으로 조정되거나, AI가 제안한 패턴을 활용해 특정 장면의 분위기를 극대화하는 방식으로 활용된다.

조명 전문가는 AI의 제안을 기본 디자인으로 삼아 조정과 변형을 가함으로써 자신의 예술적 의도를 구현한다. AI는 반복적인 작업을 줄여 감독이 창의적 작업에 더욱 집중할 수 있도록 돕는다. 이처럼 인간의 창의적 감각과 AI의 정교함이 결합된 협업은 영상 표현의 정밀성과 다채로움을 한층 높이며, 조명 연출의 새로운 지평을 열어 준다.

AI와 인간의 감성 조명 협업

AI 기반 감성 조명 시스템은 인간의 감정 상태를 실시간으로 분석하여 조명의 색상과 밝기를 자동으로 조정함으로써 감정적 몰입감을 극대화하는 기술이다. 이 시스템은 얼굴 인식, 음성 톤 분석, 생체 신호 감지 등의 기술을 활용해 감정을 파악하고, 상황에 맞는 조명으로 시각적 표현력을 강조한다. 이러한 기술은 공연, 방송, 이벤트 현장에서 관객의 감정에 맞춘 맞춤형 조명 연출로 감성 전달의 새로운 가능성을 제시한다.

AI는 얼굴 표정, 심박수, 땀 분비와 같은 생체 신호를 분석하여 피사체의 감정 상태(예: 행복, 슬픔, 긴장)를 추정하고, 이를 바탕으로 조명 색상과 밝기를 실시간으로 조정한다. 예를 들어 인간의 기본 감정인 희로애락(喜怒哀樂)을 조명으로 시각화할 때, 각 감정에 대응하는 색상과 밝기를 활용하여 감정의 분위기를 효과적으로 전달할 수 있다. 예시로 기쁨에는 노랑이나 주황색, 분노에는 강렬한 빨간색, 슬픔에는 파란색이나 보라색, 즐거움에는 녹색이나 청록색의 빛을 활용한다. 이러한 색상 선택은 감정의 시각적 표현을 강화하여 시청자에게 더욱 깊은 정서적 공감을 이끌어 낼 수 있다. 또한 음성 분석 기반의 조명 조절 기술은 스피커나 배우의 목소리 톤을 분석하여 감정 변화를 인식하고, 조명 색상과 밝기를 자연스럽게 조정한다. 이는 특히 실시간 방송에서 장면 분위기를 유연하게 전환하는 데 효과적이다.

감성 조명의 응용 사례로는 방송과 공연 현장에서 AI가 관객의 반응과 배우의 동작을 실시간으로 분석해 무대 조명을 자동 조정하는 것을 들 수 있다. 이러한 기술은 공연의 현장감을 높이고, 예상치 못한 상황에도 신속히 대응할 수 있는 장점이 있다.

또한 스마트 스튜디오에서는 AI 기반 감성 조명이 아나운서나 출연진의 감정에 맞춘 조명 설정으로 시청자에게 감정 전달력을 극대화하는 데 기여한다.

그러나 AI와 인간의 감성 조명 협업에는 몇 가지 문제점과 한계가 존재한다. 첫째, 데이터 편향 문제다. AI가 감정 인식을 위해 사용하는 데이터가 특정 인종, 성별, 문화에 편중될 경우 조명 설정이 왜곡될 우려가 있다. 이를 방지하려면 다양한 인종, 성별, 문화적 배경을 아우르는 데이터를 공평하게 학습시키는 것이 필수다. 둘째, 프라이버시와 윤리 문제가 있다. 감정 인식 시스템이 개인의 감정 데이터를 무단으로 수집하거나 악용되지 않도록 엄격한 데이터 보호 가이드라인과 윤리적 기준이 마련되어야 한다.

AI 기반 창의적 조명 사례

인공지능(AI)은 영화와 방송의 조명 연출에 적극적으로 활용되며, 자동화된 기술과 창의적 설계를 융합해 조명 연출의 새로운 국면을 맞이하고 있다. AI는 조명 감독의 예술적 의도를 지원하면서도 반복적이거나 실시간 조정이 필요한 작업을 신속하게 처리하여 효율과 창의성을 동시에 높이고 있다.

영화 제작에서 AI 기반 창의적 조명의 대표적 사례는 조명 디자인의 최적화다. AI는 감독의 스타일과 연출 의도를 학습하여 각 장면에 적합한 조명 각도와 색상을 제안한다. 특히 복잡한 감정 표현이 필요한 장면에서는 AI가 색조와 조명 패턴을 자동으로 조정해 극적 효과를 낸다. 예를 들어, 할리우드 영화에서는 인물의 감정과 장면의 톤에 따라 조명을 실시간으로 변환하여 현장감을 높이는 방식이 활용되고 있다. 이로써 조명 자동화와 감독의 창의성이 균형을 이루어 더욱 정교한 연출이 가능해진다.

또한 디지털 세트와 가상 시뮬레이션 기술로 AI는 영화 세트의 조명 환경을 사전에 테스트한다. 복잡한 빛 반사와 그림자를 예측하여 최적의 조명 배치를 계획함으로써 제작 과정에서 시간과 비용을 절감한다. 이러한 기술은 유명 영화 스튜디오에서 세트 설계의 리스크를 최소화하는 데 효과적으로 사용된다.

방송에서 AI 기반 실시간 조명의 대표적 사례는 출연진의 움직임과 표정을 인식하여 조명을 자동으로 조정하는 기술이다. AI는 얼굴 표정, 동작, 위치 등을 실시간으로 감지해 조명의 색상과 밝기를 변화시켜 방송의 자연스러운 흐름을 지원한다. 이는 특히 생방송이나 토크쇼처럼 동적인 환경에서 조명 전환을 부드럽게 처리하며, 고품질의 영상미를 구현하는 데 기여한다. 예를 들어, 뉴스 방송에서는 앵커의 감정 변화에 따라 배경 조명이 변하거나 인터뷰 중 인물의 움직임에 맞춰 조명 설정이 조정되는 사례가 있다. 이러한 기술은 방송의 시각적 몰입도를 높이고 시청자에게 더욱 세련된 시각적 경험을 전달한다.

스포츠 경기 중 AI 자동 조명 제어는 선수들의 움직임을 실시간으로 추적하여 무빙 라이트를 자동으로 조정하는 기술로, 스포츠 중계의 새로운 차원을 열고 있다. AI는 경기장의 동적 상황에 즉각 반응하여 선수의 위치와 동작에 맞춰 조명의 방향, 강도, 색상을 조정함으로써 경기의 역동성과 현장감을 더욱 생생하게 전달한다. 이러한 기술은 관객의 시각적 몰입을 극대화하며, 경기 중계의 품질을 획기적으로 향상했다. 특히 올림픽, 월드컵 등 대형 스포츠 이벤트에서 활용되며, 거대한 경기장의 규모와 복잡한 움직임에도 효율적으로 대응하여 수준 높은 스포츠 중계를 가능하게 한다.

AI 기반 조명 기술은 단순한 자동화 도구를 넘어 조명 전문가의 창의적 설계와 결합해 혁신적인 조명 연출을 가능하게 한다. 예를 들어, 공연에서는 AI가 무대 스토리와 음악의 템포(tempo)에 따라 다양한 색상과 패턴을 실시간으로 전환한다. 이 과정에서 AI는 감정의 흐름에 맞춘 동적 조명 연출을 수행하며 관객에게 감동적인 시각적 경험을 선사한다.

메타라이팅과 조명 디자인

메타버스는 물리적 현실과 디지털 세계가 융합된 새로

운 환경으로, 그 안에서 조명 디자인의 역할은 단순한 시각적 요소를 넘어 콘텐츠의 몰입감과 감정적 연결을 증폭하는 중요한 매개체로 자리 잡고 있다. 특히, 가상 스튜디오, 감성 조명, 사용자 중심의 조명 변화는 메타버스 시대의 조명 디자인에서 핵심 요소로 부상하고 있다.

가상 스튜디오는 메타버스 환경에서 콘텐츠를 제작하는 대표적 플랫폼으로, 현실적인 조명 표현과 디지털 환경 간 균형을 맞추는 것이 핵심 과제로 떠오르고 있다. 이때 AI 기반 조명은 가상 스튜디오 내에서 빛의 반사, 그림자, 색온도 등을 정밀하게 시뮬레이션하여 집중감을 극대화한다.

예를 들어, 뉴스나 예능 프로그램의 가상 스튜디오에서는 AI가 촬영 대상과 배경의 조화를 고려하여 조명을 자동으로 조정한다. 이는 단순히 현실 세계를 모방하는 수준을 넘어 가상 환경만이 창출할 수 있는 창의적이고 실재감 있는 연출을 가능하게 한다. 이러한 기술은 가상 스튜디오의 조명 디자인을 새로운 기준으로 정립한다.

메타버스 환경에서는 사용자와 콘텐츠 간의 정서적 연결이 중요하다. 감성 조명은 사용자의 감정 상태를 실시간으로 분석해 적합한 조명 패턴과 색상을 제안함으로써 몰입감을 더욱 강화한다.

예를 들어, 가상 회의나 공연에서는 AI가 사용자의 표정, 음성 톤, 생체 신호를 분석해 감정에 맞는 조명을 실시간으로 반영한다. 이러한 기술은 메타버스 환경에서 감성적 소통의 다리를 놓아 주는 역할을 하며, 콘텐츠 제작뿐 아니라 심리적 안정감과 몰입도를 향상하는 데 기여한다.

메타라이팅의 조명 디자인은 단순히 공간을 밝히는 역할을 넘어 사용자 중심으로 개인화되는 방향으로 진화하고 있다. 사용자가 가상환경에서 이동하거나 특정 사물과 상호작용할 때, AI는 이를 실시간으로 감지하여 조명의 색상과 강도를 즉각적으로 조정할 수 있다. 예를 들어, 게임 환경에서는 사용자가 특정 공간에 들어섰을 때 조명이 즉시 변화하며 새로운 분위기를 연출한다.

가상 쇼핑몰에서는 AI가 사용자의 관심 상품에 따라 조명을 조정해 시각적 초점을 유도하기도 한다. 이러한 사용자 중심의 조명 변화는 단순한 시각적 편의를 넘어 경험의 집중도를 극대화하며 사용자가 메타버스 공간에서 자연스럽게 움직이도록 돕는다.

가상 스튜디오의 조명은 현실감 있는 표현 기술, 감성 조명을 활용한 정서적 몰입 그리고 사용자 환경에 맞춘 맞춤형 조명 변화라는 세 가지 핵심 요소를 중심으로 발전하고 있다. 이러한 변화는 조명 디자이너와 기술 개발자에게 새로운 가능성과 도전을 동시에 제시한다.

참고문헌

Grif, H. S.(2010). Neural Daylight Control System. arXiv preprint arXiv:1002.4768. https://arxiv.org

Pharr, M., et al.(2024). *Physically based rendering: From theory to implementation (4th ed.)*. Morgan Kaufmann.

Vashishtha, K., et al.(2023). Reinforcement Learning Adaptive Fuzzy Controller for Lighting Systems: Application to Aircraft Cabin. arXiv preprint arXiv:2310.00525. https://arxiv.org

Viso.ai.(2024). AI Emotion Recognition and Sentiment Analysis (2025). https://viso.ai

07
실감형 콘텐츠 제작과 AI 기반 조명

인공지능 기반 조명은 가상현실(VR), 증강현실(AR), 확장현실(XR) 등 실감형 콘텐츠 제작에서 조명 기술과 예술을 융합하여 몰입감과 현실감을 극대화하는 데 중점을 둔다. 특히 메타버스 환경에서 AI 기반 조명은 콘텐츠의 시각적 품질을 향상하고 제작 과정의 효율성을 높이며 창작 가능성을 확장하는 데 중요한 역할을 한다. 이러한 기술은 현실과 가상의 경계를 허물고 새로운 차원의 실감형 콘텐츠를 창출하며 시각 예술의 지평을 넓힌다.

가상현실과 AI 기반 조명

인공지능은 실시간으로 조명을 자동으로 조정해 가상현실(VR)에서 조명 제어를 강화한다. 머신러닝을 활용해 사용자의 움직임, 감정, 시선을 분석함으로써 조명 패턴을 동적으로 변화시켜 새로운 영상 콘텐츠를 만들고 VR의 시각적 가능성을 확장한다.

미국의 NBC는 AI가 가상 조명과 카메라 각도를 조정하여 실제 스튜디오의 느낌을 재현하는 주요 스포츠 방송을 위한 VR 기술이 적용된 가상 스튜디오를 선보였다. AI는 조명 배치와 색상을 최적화해 시청자 몰입도를 높이고, 카메라 움직임과 조명을 실시간으로 조정해 방송의 완성도를 높였다.

폭스 스포츠(Fox Sports)는 AI 기반 조명 기술을 가상현실 스포츠 방송에 통합해 실제 경기장 조명을 복제하여 현실감 넘치는 경험을 선사했다. AI는 경기장 상태, 시간대, 선수 움직임, 공 궤적을 기반으로 실시간으로 가상 조명을 조정하여 게임의 긴장감을 높이고 현실적인 시청 경험을 연출했다.

VR 영화는 가상현실에 AI와 조명을 결합하여 실재감 있는 스토리텔링과 영상을 만들어 영화 제작에 혁명을 일으켰다. VR 영화 〈스피어〉(1998)는 AI가 조명을 실시간으로 조정하여 현실감을 높이는 혁신을 보여 준다. AI는 캐릭터의 움직임과 장면, 감정을 분석하여 긴장된 순간에는 어두운 조명을, 희망적 순간에는 따뜻한 톤을 적용하여 시각적 스토리텔링 경험을 풍부하게 했다.

스티븐 스필버그의 〈레디 플레이어 원〉(2018)은 오아시스라는 가상현실 세계를 배경으로 AI와 조명 기술을 활용해 제작했다. AI는 장면별 조명을 실시간으로 계산하고 적용해 VR 환경의 시각적 복잡성과 완성도를 높였다.

AI는 조명을 자동으로 조정하여 현실감 넘치는 극적 효과를 만들어 영화의 시각적 요소를 향상했다. 액션 장면에서는 캐릭터의 움직임에 따라 조명과 그림자가 바뀌고, 감정 장면에서는 조명을 활용해 내면의 감정을 부각해서 스토리텔링을 풍성하게 했다. 이러한 AI와 조명의 융합은 〈레디 플레이어 원〉의 가상현실 세계를 생생하게 구현했다.

AI 기반 조명과 증강현실의 융합

증강현실(AR)에서 AI는 가상 객체를 실제 조명 조건과 일치시켜 사용자 몰입도를 향상한다. AI는 실시간 조명 데이터를 분석하여 동일한 조명을 가상 요소에 적용하고 이를 현실과 원활하게 혼합한다. 예를 들어, 스포츠 방송에서는 가상 그래픽이 경기장 조명에 맞게 조정되거나, 뉴스 방송에서는 가상 스튜디오 배경이 실제 조명과 통합되어 응집력 있는 모습을 연출한다.

더 웨더 채널(The Weather Channel)은 AI와 AR을 결합해 기상 상황을 생생하게 전달한다. AR은 태풍, 홍수 등 자연재해를 시뮬레이션하고, AI는 날씨 데이터를 기반으로 조명을 실시간으로 조정해 구름, 번개 등 자연 요소를 재현한다. 이는 날씨 정보를 현실감 있고 시청자 친화적인 경험으로 바꿔 준다.

폭스 스포츠는 AR과 AI 조명 기술을 결합하여 현장감 넘치는 스포츠 방송을 했다. AI는 선수의 움직임과 경기 상황을 분석해 실시간으로 조명을 조정하고, AR은 경기장 데이터를 사용하여 스튜디오에 가상 요소를 표시한다. 이 통합은 실시간 조명 변화를 반영하여 더욱 현실감 있는 시청 경험을 만들어 냈다.

구글 ARCore는 AI를 사용하여 주변광을 분석하고 가상 개체에 일관된 조명을 적용해 실제 환경과 자연스럽게 조화를 이루고 더욱 사실적으로 보이도록 했다.

AI는 실시간 조명을 시뮬레이션하여 증강현실의 현실감을 향상한다. 사용자의 움직임과 시선을 분석하여 가상 객체에 대한 빛의 반사, 굴절, 그림자를 계산한다. 예를 들어, 게임 엔진 유니티(unity)의 AI 기반 AR 기술은 사용자 위치와 시선을 추적하여 조명 변화를 시뮬레이션하고 게임과 교육 분야에서 AR 경험을 향상한다.

AI는 AR 속 사용자의 감정 상태를 분석하고 조명을 조절해 맞춤형 경험을 선사해서 AR 기반 마케팅, 예술, 치료 등에 특히 효과적이다. 얼굴 인식과 생체 인식 분석을 이용해 사용자의 감정 상태를 감지하고 실시간으로 조명을 조정한다. 예를 들어, 소셜 미디어 애플리케이션인 스냅챗(snapchat)의 AR 필터는 사용자가 웃을 때 조명을 밝게 하고 진지한 표정일 때는 조명을 어둡게 하여 사용자의 반응에 즉각 효과를 맞춤화한다.

확장현실과 AI 기반 조명

확장현실(extended reality, XR)은 가상현실, 증강현실, 혼합현실(mixed reality, MR)을 포괄하는 개념으로, AI는 이러한 환경에서 실시간으로 조명을 제어하고 최적화하는 데 중요한 역할을 한다.

AI는 사용자의 위치와 상호작용을 분석해 주변 환경에 맞는 조명을 실시간으로 조정함으로써 실재감과 현실감을 상승시킨다.

확장현실(MR) 제작 환경에서는 다양한 촬영 요소가 실시간으로 움직이므로 조명 설정이 복잡해질 수 있다. 이를 해결하고자 AI는 조명의 모든 변수를 자동으로 제어하는 시스템을 구축하여 복잡성을 줄인다. 이 시스템은 배우 위치와 카메라 움직임을 실시간으로 감지하고 자동으로 조명을 조정하여 제작 시간을 절약하고 일관된 시각적 품질을 보장함으로써 XR 스튜디오의 효율성을 향상한다.

넷플릭스(netflix)의 XR 프로덕션은 AI 기반 조명 자동화를 사용하여 카메라 이동이나 장면 변경 중 조명을 최적화해 품질을 유지하면서 녹화 시간을 더욱 단축한다.

XR 방송 제작에서 AI 기반 조명은 실시간 조정, 가상 시뮬레이션, 몰입형 경험, 자동화 분야의 혁신을 주도한다. 가상 세트에 사실적인 조명이 필요한 XR 기반 영화 제작에서 AI 기반 시뮬레이션은 가상공간에서 자연스러운 조명 조건을 효과적으로 생성한다.

영화 〈라이온 킹〉은 XR 기술과 AI 기반 조명 시뮬레이션의 사용을 보여 준다. 전체가 가상환경에서 제작되었지만, AI는 조명 위치와 강도를 자동으로 조정하여 사실적인 효과와 그림자를 만들어 빛의 흐름을 향상하고 청중의 집중도를 극대화했다.

XR 환경에서는 AI가 배우의 움직임을 추적하고 실시간으로 조명을 조정해 자연스러운 시각적 표현이 가능하다. 카메라 여러 대가 움직이는 복잡한 시나리오에서 AI는 최적의 조명 설정을 즉시 제시하여 시간과 비용을 절약하는 동시에 효율적인 제작을 하도록 한다.

XR 영화 제작에서 AI는 특수 효과와 조명을 통합하여 실재감 있는 장면을 만들어 가상 세계에서 시청자의 참여를 높인다. 특히 액션, 판타지 장르에서는 AI가 제어하는 조명이 시각적 임팩트와 현실감을 극대화한다.

영화 〈아바타: 물의 길〉(2022)은 AI와 조명 기술로 XR 영화 제작의 혁신을 보여 준다. AI가 배우의 움직임에 따라 조명을 실시간으로 조정하고 빛의 반사와 굴절을 계산하여 사실적인 수중과 복잡한 가상 환경을 구현하는 등 많은 장면이 가상현실에서 만들어졌다.

마이크로소프트의 홀로렌즈(HoloLens)는 AI 기술을 활용해 혼합현실(MR) 환경에서 사용자 움직임에 맞춰 조명을 자동으로 조정한다. 예를 들어, 사용자가 특정 가상 객체를 주목하면 AI는 그 해당 객체에 집중된 조명을 생성해 실재감을 강조한다.

언리얼 엔진(unreal engine)과 같은 실시간 3D 제작

플랫폼은 XR 환경에서 AI를 활용해 빛의 반사, 그림자, 굴절 효과를 자연스럽게 구현한다. 이러한 기술은 사용자가 현실 공간에서 가상 객체를 마치 실제로 존재하는 것처럼 느끼게 한다.

AI 기반 감정 인식 조명 시스템은 사용자의 감정이나 생리적 반응을 인식해 이에 맞는 조명을 실시간 조정할 수 있다. 예를 들어 감정 상태에 따라 따뜻한 조명, 차가운 조명 등 맞춤형 조명을 적용하여 XR 경험의 집중도를 높이고 개인화된 환경을 조성할 수 있다.

VR, AR, MR, XR 실감형 콘텐츠 제작에서 AI는 조명 기술과 예술이 융합해 몰입감 있는 직관적 시청자 경험을 만들어 낸다. 이러한 기술들은 진화를 거듭하며 역동적인 영상을 구현한다.

참고문헌

ACM Digital Library.(2022). When XR and AI Meet – A Scoping Review on Extended Reality and Artificial Intelligence. https://dl.acm.org

Frontiers in Virtual Reality.(2021). The Combination of Artificial Intelligence and Extended Reality: A Systematic Review. https://www.frontiersin.org

IEEE Digital Reality.(2024). AI in Virtual Reality. https://digitalreality.ieee.org

IEEE Digital Reality.(2024). Artificial Intelligence and Augmented Reality. https://digitalreality.ieee.org

Wetzstein, G., & Peng, Y.(2021). Using AI to create better virtual reality experiences. Stanford News. https://news.stanford.edu

Zhao, Y., et al.(2023). LitAR: Visually Coherent Lighting for Mobile Augmented Reality. arXiv preprint arXiv:2301.06184. https://arxiv.org

08
AI와 조명 시뮬레이션

AI와 조명 시뮬레이션은 방송과 영화 제작에서 조명 계획을 최적화하고 실시간 제어로 정교한 연출과 효율성을 가능하게 하며 시간, 비용, 에너지 절감을 동시에 실현한다. 물리 기반 렌더링(PBR)과 AI의 융합은 조명의 현실감을 극대화하고 작업의 효율성을 높여 다양한 분야에서 혁신적인 조명 설계를 가능하게 하며 미래 조명 기술의 핵심으로 자리 잡고 있다.

방송과 영화의 조명 시뮬레이션 활용

인공지능(AI)과 조명 시뮬레이션은 방송과 영화 제작에서 정교한 연출과 효율성을 극대화하는 중요한 도구로 활용되고 있다. 이러한 기술은 장면의 조명 효과를 미리 시뮬레이션하여 제작 전 조명 계획을 최적화하고, 현장 작업을 효율화한다.

방송 조명에서 AI 시뮬레이션 활용은 실시간 조명 제어로 뉴스나 라이브 쇼 같은 방송에서 실시간으로 조명을 조정해 최적의 상태를 유지한다. 예를 들어, 스튜디오 조명과 외부 자연광을 혼합하거나 색온도와 조도를 자동으로 조절할 수 있다.

조명 콘솔의 프리셋을 활용하여 다양한 방송 프로그램에 맞는 조명 패턴을 데이터베이스로 구축하고 AI가 최적의 설정을 자동 선택하여 현장 세팅 시간을 절감한다.

에너지 절약을 위해 AI가 실시간으로 필요 없는 조명을 감지해 자동으로 끄거나 줄여 에너지 효율성을 높인다. 그 밖에 AI 기반 얼굴 인식과 인물 추적 조명, 스마트 스튜디오 내 환경 변화 대응, 프로그램 자동화와 조명 패턴 학습, 관객 반응 기반 조명 변화 등 AI 활용은 방송 현장의 유연성과 효율성을 극대화하며, 시청자가 더 사실감, 현장감 있는 방송을 경험하도록 돕는다.

영화 조명에서 AI 시뮬레이션 활용은 예측 기반 조명 디자인으로 영화 제작에서 AI 시뮬레이션을 활용해 제작 전에 장면별 조명 계획을 가상으로 테스트함으로써 조명의 방향, 색온도, 그림자 등을 미리 확인할 수 있다. 이는 제작 현장에서 시간 절약과 완성도 높은 연출을 가능하게 한다.

CG(computer graphics)와 실사 연출의 조명을 일치하고자 영화 촬영 후 후반 작업에서 CG와 실제 장면의 조명을 AI가 일치시켜 자연스럽고 일관된 화면을 구현한다.

자동화된 장면 전환을 조명함으로써 AI가 영화의 장면 전환에 따라 조명을 예측적으로 조정해 부드럽게 이어지도록 도와준다. 실제 사례로 디즈니와 같은 대형 영화사는 AI를 활용해 복잡한 조명 시뮬레이션을 수행하며, 〈만달로리안〉 같은 영화에서는 가상 스튜디오와 LED 조명 월(wall)이 사용되었다.

방송에서는 AI가 스포츠 경기와 같은 다양한 환경의 조명을 실시간 제어하며, 스마트 스튜디오에서는 다양한 조명 연출을 자동화한다.

물리 기반 렌더링과 AI의 융합

물리 기반 렌더링(PBR)은 현실 세계의 물리적 특성을 반영해 빛의 상호작용을 정확하게 시뮬레이션하는 기술이다. AI와 PBR의 융합은 방송과 영화 제작에서 더욱 정밀한 조명 시뮬레이션과 효율적인 빛 연출을 가능하게 한다.

PBR은 표면의 질감, 반사율, 굴절 등 물리적 특성을 기반으로 광원과 재질 간 상호작용을 시뮬레이션한다. AI는 이러한 렌더링 과정을 최적화해 빠르고 정확하게 처리하며, 다양한 재질과 조명 조건에서 현실감 있는 결과를 구현한다. 예를 들어, AI가 사전에 학습한 데이터를 활용해 빠른 조명 조정이 가능하며, 복잡한 환경에서도 정확한 광원 효과를 구현한다.

AI는 PBR 기반 조명 시뮬레이션의 계산 속도를 높여 실시간 예측과 조정을 가능하게 한다. 이는 복잡한 조명 시나리오를 빠르게 테스트하고 수정할 수 있어 영상 제작 전 최적의 조명 설정을 찾는 데 유리하다. 특히 라이브 방송이나 비주얼 이펙트(visual effects, VFX) 작업에서는 AI가 장면의 조명 변화를 예측해서 즉각 반영함으로써 작업 효율을 높인다.

PBR과 AI가 결합된 가상 스튜디오에서는 현실과 동

일한 조명 환경을 디지털로 재현해 제작자가 현장에 가지 않고도 조명을 설계할 수 있다. 디지털 트윈(digital twin) 기술로 실제 조명과 시뮬레이션된 조명을 비교하며 최적의 조건을 도출한다. 이는 특히 LED 볼륨 스테이지와 같은 버추얼 프로덕션(virtual production) 환경에서 유용하다.

AI는 PBR 렌더링을 기반으로 다양한 조명 조건을 분석해 자동으로 조명을 최적화한다. 또한 학습된 모델을 활용해 조명의 방향, 강도, 색온도 등을 조절하고, 환경 변화에 따라 자율적으로 조명을 조정하는 시스템을 구축할 수 있다. 이로써 조명 디자인의 일관성과 품질을 유지하면서도 작업 시간을 단축한다.

비용 절감과 효율성 증대

AI와 조명 시뮬레이션 기술의 도입은 방송과 영화 제작에서 시간과 비용을 절감하고, 작업 효율성을 극대화하는 데 중요한 역할을 하고 있다. 이로써 정교한 연출과 자원 절약을 동시에 실현할 수 있다.

AI는 사전 시뮬레이션을 통한 제작 비용 절감 효과를 낸다. AI는 조명 계획을 가상 환경에서 미리 테스트함으로써 현장에서의 실수를 줄인다. 복잡한 조명 설정을 제작 전에 검토할 수 있어 재제작과 수정 작업을 최소화해 비용을 절감한다. 또한 프리셋을 활용해 반복되는 조명 패턴을 미리 설정함으로써 제작 시간을 단축할 수 있다.

AI는 에너지 절약과 자원 관리 최적화를 한다. AI는 필요하지 않은 조명 장비를 자동으로 감지해 사용하지 않을 때 꺼두고, 에너지를 효율적으로 관리한다.

또한 실시간 조명 제어 시스템으로 불필요한 에너지 소비를 줄여 전반적인 운영 비용을 낮춘다. 특히, LED 조명과 같은 에너지 효율적인 장비와 통합해 더 큰 절감 효과를 얻을 수 있다.

AI는 자동화된 조명 제어로 작업 효율성을 향상한다. 장면 전환과 환경 변화에 맞춰 조명을 자동으로 조정하며, 복잡한 조명 시나리오를 빠르게 실행한다. 이는 조명 감독과 스태프의 부담을 줄여 작업 효율성을 높이고, 스튜디오와 현장에서 인력 운영을 최적화한다.

라이브 방송과 실시간 이벤트에서는 AI가 실시간으로 조명을 조정해 정확성과 일관성을 유지한다.

AI는 장비 유지 · 보수 비용 절감한다. 조명 장비의 상태를 실시간으로 모니터링하고 예측적 유지 · 보수를 수행해 고장 발생 전 미리 문제를 해결한다. 이는 장비의 수명을 연장하고, 긴급 수리와 교체에 따른 비용과 시간을 절약할 수 있게 한다. 실제 사례로 〈만달로리안〉 같은 버추얼 프로덕션에서는 AI와 조명 시뮬레이션을 사용해 제작 시간을 줄이고 장비 사용을 최적화했다.

스마트 스튜디오에서는 AI가 조명과 에너지 소비를 자동으로 조절하여 비용 절감뿐 아니라 환경 보호를 위한 탄소 중립 목표 달성에도 기여한다. 이러한 기술적 진보는 지속 가능한 방송 제작 환경을 구축하는 데 중요한 역할을 한다.

참고문헌

MIT Design Intelligence Lab.(2024). AI Lighting Copilot. https://designintelligence.mit.edu

Pharr, M., et al.(2024). Physically Based Rendering: From Theory to Implementation (4th ed.). https://www.pbrt.org

The Korea Times(2024.11.20). AI revolutionizes Korean drama production. https://www.koreatimes.co.kr

09
생성형 AI의 빛과 실제 조명

생성형 AI에서 빛은 반복적 작업과 대규모 제작에서 효율적이고 정밀하지만, 창의성과 즉각적 대응은 인간 조명 전문가의 능력에 의존한다. 생성형 AI의 빛과 실제 조명에서 조명 제어의 정밀성, 조명 반응성, 창의성의 역할을 비교하여 차이점을 상호 보완하고 활용함으로써 특정 상황에 따라 적합한 방식을 선택하면 최상의 결과를 얻을 수 있다.

조명 제어의 정밀성

조명 제어에서 AI 자동화는 인간의 직관 판단과 정밀도가 다르다. 생성형 AI는 데이터를 학습하고 환경을 분석하여 조명 패턴을 만드는 데 탁월하다. 예를 들어, 빛의 반사 각도와 그림자 위치를 계산하여 가상 조명을 정확하게 설정하고, 특히 대규모 조명 작업의 경우 빠르고 효율적인 결과를 낸다.

실제 조명에서는 인간의 직관과 창의성이 매우 중요하다. 조명 감독은 분위기와 감독의 의도, 배우의 움직임에 따라 실시간으로 조명을 조정한다. 그러려면 감정의 뉘앙스에 대한 민감성과 미묘한 변화에 적응하는 능력이 필요하므로 섬세한 감정을 표현하려면 인간의 판단이 필수다.

생성형 AI에서는 빛의 기본 요소인 빨간색, 녹색, 파란색(RGB)을 혼합하는 가산 혼합으로 조명이 생성된다. 반면 공간과 사물이 형태를 이루는 물리적 세계에서는 빛이 시안색, 마젠타색, 노란색, 검은색(CMYK)의 감산 혼합으로 발현된다.

이 두 가지 서로 다른 방법은 디지털과 물리적 영역에서 빛의 고유한 특성을 강조한다. 근본적으로 다른 접근방식에도 불구하고 두 가지 모두 유사한 시각적 효과로 가상 창작물과 실제 경험 사이의 격차를 해소해 준다.

방송, 영화, 공연에서 조명의 정밀한 제어는 분위기와 캐릭터 표현, 시청자의 감성에 큰 영향을 미치기에 매우 중요하다. 생성형 AI와 실제 조명에는 각각 장점과 한계가 있으며, 상호보완적으로 사용할 때 탁월한 성능을 발휘한다. 상황에 맞는 적절한 방법을 선택하면 최적의 결과를 얻을 수 있다.

생성형 AI 조명은 자동화된 알고리즘과 빅데이터를 활용해 다양한 조명 패턴을 분석하고 그에 맞는 조명을 생성하는 능력을 갖추고 있다. 수많은 조명 시나리오를 학습하여 장면에 맞는 최적의 조명을 제안할 수 있으며, 이를 바탕으로 조명 패턴의 변형과 반복적 세팅도 매우 정밀하게 수행한다.

앤비디아(NVIDIA)의 옴니버스(Omniverse) 플랫폼은 가상 환경에서 정밀한 AI 기반 조명 제어를 구현하여 빛의 반사, 그림자와 분포를 자동으로 계산한다. AI는 일관되고 오류 없는 조명을 보장하는 반면, 실제 조명은 인간의 직관과 창의성에 의존한다. 조명 전문가는 최적의 결과를 얻으려고 피부색, 의복, 설정된 색상과 같은 요소를 기반으로 각도, 강도, 색온도를 세심하게 조정한다.

조명 전문가는 실시간 조정 능력이 뛰어나 AI의 예측을 뛰어넘는 환경 변화와 창의적 요구에 유연하게 대응한다. 실제 조명은 정확한 뉘앙스와 예술적 표현을 위해 인간의 경험과 직관에 의존한다.

생성형 AI 조명은 일관되고 정확한 조명 패턴을 생성하고 복잡한 변수를 처리하는 데 탁월하므로 대규모 또는 반복 작업에 이상적이다. 그러나 예측할 수 없는 변화나 창의적 요구에 적응하는 능력은 제한적이다. 창의적이고 예술적인 판단력을 갖춘 조명 전문가는 현장 변화에 즉각적으로 대응하고 감독의 비전에 맞게 조명을 미세 조정하며 감성적인 뉘앙스를 강화할 수 있다. AI는 데이터를 바탕으로 정확성을 보장하는 반면, 인간은 직관과 창의성으로 이를 달성한다.

생성형 AI와 실제 조명은 정밀 제어에서 뚜렷한 강점이 있다. AI는 빠르고 정확한 조정으로 반복 작업과 대규모 프로젝트에 탁월하며, 실제 조명에 대한 인간의 직관은 정교함과 정서적 깊이를 더해 준다. 두 가지 방법을 보완적이고 선택적으로 사용하면 특정 상황과 목적에 매우 효과적일 수 있다.

조명 반응성

실제 조명은 물리적 환경에서 즉각적으로 반응하여 설비의 위치나 각도를 조정할 때 즉각적인 피드백을 준다. 이러한 실시간 응답성은 라이브 방송과 공연에 매우 중요하므로 조명 전문가는 분위기나 긴장감을 즉시 조정할 수 있다. AI는 데이터를 기반으로 조명을 계산하고 조정할 수 있지만 가상 환경에서 물리적 조명의 자연스러운 즉각성과 유동성을 일치시키는 데 어려움이 있다.

생성형 AI와 실제 조명의 조명 반응성을 비교하면 각각이 주어진 환경 변화에 어떻게 적응하는지, 즉 효과적인 조명의 핵심 요소가 강조된다. 생성형 AI와 실제 조명은 반응성에 다르게 접근하여 눈에 띄는 변화를 가져온다.

생성형 AI 조명은 대규모 데이터 세트와 알고리즘을 사용하여 방향, 강도, 색상, 그림자 같은 변수를 고려해 조명 패턴을 예측하고 적용한다. 그러나 사전 학습된 데이터에 의존하므로 예상치 못한 실시간 변화에 즉각적으로 대응하는 능력이 제한된다.

생성형 AI는 카메라 움직임이나 장면 변화에 따라 조명을 조정할 수 있지만, 특히 라이브 이벤트에서 예상치 못한 요소에 인간만큼 빠르고 창의적으로 반응하는 데 어려움을 겪는다. 예를 들어, AI 기반 전역 조명 시스템인 언리얼 엔진의 루멘(lumen)은 정밀한 가상 조명을 생성하지만 사전 학습된 패턴에 따라 작동하므로 예상치 못한 장면 전환이나 실시간 변화를 처리하는 능력이 제한된다.

실제 조명은 물리적 공간에서 즉각 반응하여 조명 전문가가 움직임, 방향, 강도, 색상을 실시간으로 조정할 수 있다. 이 기능은 즉각적 적응성이 중요한 공연, 방송, 영화 제작에 매우 중요하다.

조명 반응성은 조명기구의 물리적 특성과 조명 감독의 직관에 따라 달라진다. 예를 들어 배우의 움직임이나 장면의 감정에 맞춰 스포트라이트의 각도나 색상을 실시간으로 조정하면 AI의 예측 능력을 뛰어넘는 유연성과 창의성을 얻을 수 있다.

생성형 AI 조명은 사전 학습된 데이터를 사용하여 예측 가능한 변수를 처리함으로써 정밀도와 속도가 뛰어나 가상 환경이나 사전 계획된 시나리오에 이상적이다. 하지만 AI는 인간 감독의 직관적 판단으로 즉각 반응하는 실제 조명과 달리 실시간 변화에 대한 창의적 대응에 어려움을 겪는다. 이로써 실제 조명은 예상치 못한 상황에 대한 즉각적 조정과 대응이 필수적인 예술적 표현과 라이브 공연에 특히 유용하다.

생성형 AI와 실제 조명은 반응성 측면에서 뚜렷한 장점이 있다. AI는 빠르고 효율적인 조명 조정을 지원하지만 즉각적이거나 창의적인 변경에 어려움을 겪을 수 있다. 실제 조명은 물리적 환경에 즉각 반응하고 인간의 직관과 결합되어 창의적이고 유연한 제어를 구현한다. 이 두 가지 방법을 상호 보완적으로 사용하고 상황에 따라 선택하면 최적의 결과를 얻을 수 있다.

창의성의 역할

생성형 AI는 방대한 데이터 세트를 사용하여 다양한 조명 스타일과 패턴을 제안함으로써 효율적인 실험을 가능하게 하고 인간의 창의성을 보완한다. 그러나 AI는 인간의 예술성을 완전히 복제할 수 없다. 조명 전문가는 연출자의 비전과 장면 분위기를 고려하여 독창적인 스타일을 디자인하고 AI가 학습한 규칙을 뛰어넘는 감성적이고 예술적인 표현을 만들어 낸다. 인간은 영감과 경험을 바탕으로 독특한 조명 아이디어를 즉시 구현할 수 있다.

생성형 AI는 자동화, 데이터 분석에 탁월하여 대규모 작업과 복잡한 조명 패턴을 효율적으로 관리하는 반면,

실제 조명은 판단과 창의성을 위해 인간의 직관에 의존한다. AI와 실제 조명을 결합하면 실시간 응답성과 창의적 가능성이 향상되어 조명 디자인과 관리에서 가능성을 제시한다.

창의성은 조명 디자인에 필수지만 생성형 AI와 실제 조명에서는 그 역할이 다르다. 생성형 AI는 대규모 데이터 세트에서 학습하여 기존 패턴을 일치시키고 조명 조건과 장면에 대한 지식을 사용하여 창의적인 패턴을 빠르게 생성함으로써 자동으로 새로운 디자인을 생성할 때 유리하다.

AI 기반 창의성은 데이터 기반 예측과 알고리즘 변환에 달려 있다. 예를 들어 AI는 조명 스타일을 학습하고 변형을 제안할 수 있지만 학습된 데이터 내에서 작동하는 것으로 제한된다. 결과적으로 AI는 완전히 새로운 조명 스타일을 발명하기보다는 기존 패턴을 개선하고 최적화하는 데 주로 사용된다.

예를 들면, 오픈AI의 달리(DALL · E)와 같은 AI 도구는 이미지의 빛과 그림자를 생성하는 데 탁월하다. AI는 다양한 조명 시나리오를 학습하여 새로운 이미지에 적합한 조명을 자동으로 생성하고 사용자가 정의한 분위기에 맞는 조명과 그림자를 제안할 수 있다.

실제 조명에서 창의성은 조명 전문가의 직관과 예술적 감각에서 나온다. 감성적인 톤과 연출 의도, 배우의 움직임을 고려하여 전문가들이 기술력과 영감, 상상력을 동원해 독특한 조명을 디자인한다. 데이터에 의존하는 AI와 달리 실제 조명은 경험과 창의성을 바탕으로 전혀 새로운 아이디어를 만들어 낼 수 있다.

AI는 대규모 데이터 세트에서 다양한 조명 패턴을 생성하여 자동화된 창의성을 구현하므로 가상 스튜디오에서 조명을 실험하거나 대규모 디자인을 만드는 등 빠르고 반복적인 작업에 매우 효율적이다. 그러나 AI의 창의성은 특정 감정이나 예술적 비전을 표현하려고 새로운 방식으로 빛을 조작하는 인간의 창의성과 다르다. 인간의 상상력과 경험은 복잡한 예술적 목표를 달성하고 표현력을 향상하는 데 필수다.

창의성의 역할은 생성 AI와 실제 조명 간에 다르다. AI는 반복적인 작업을 하려고 효율적으로 조명 패턴을 생성하는 데 탁월하지만 창의적 한계가 분명하다. 인간의 직관과 상상력이 주도하는 실제 조명은 더욱 독창적이고 감성적인 디자인을 가능하게 한다. 이러한 방법은 서로를 보완할 수 있으며, 특정 상황에서는 AI가, 또 다른 상황에서는 인간의 창의성이 더 효과적으로 작용한다.

참고문헌

김용규(2023). 『디지털 영상 조명』. 커뮤니케이션북스.

ArchDaily(2024). Shaping Atmospheres with Lighting: A Human-Centered Approach to Emotional Design. https://www.technolynx.com

Corda Lighting(2024). Light Transformation: How Creative Lighting Shapes Space. https://corda.lighting

Fiveable(n.d.). Real-time Responsive Lighting. https://library.fiveable.me

Lepro.(2024). Lepro Unveils Groundbreaking AI-Generated Lighting Technology, LightGPM™, Alongside Three Innovative Products. PR Newswire. https://www.prnewswire.com

TechnoLynx.(2024). AI: The Bright Spark Behind Smart Lighting Solutions. https://www.technolynx.com

10
조명과 인공지능의 미래

인공지능은 조명 설계와 제어를 자동화하여 영화, 방송, 공연, 상업 공간 등에서 효율성과 창의성을 높이고, XR 환경과 공공 조명에서는 에너지 절약과 안전 강화를 실현한다. AI 기반 조명은 인간의 창의성을 보조하며, 에너지 효율, 윤리적 기준, 데이터 보안을 고려한 발전과 기술 · 예술의 융합이 요구된다. 기술과 인간의 예술성이 조화를 이루어 인간의 창의성과 AI의 효율성을 균형 있게 결합하는 것이 중요하다.

인공지능과 조명 산업의 변화

인공지능은 조명 산업 전반에 걸쳐 혁신적 변화를 가져오고 있다. 과거에는 주로 수작업과 경험에 의존하던 조명 설계와 제어 작업이 AI 기술의 발전과 함께 자동화되고, 더욱 정밀하고 효율적인 방식으로 진화하고 있다. 이 변화는 영상 산업뿐 아니라 공연, 전시, 상업 공간, 가정용 스마트 조명 등 다양한 분야에 걸쳐 적용되고 있으며, AI는 단순히 조명 제어를 넘어 조명의 미래를 재정의하고 있다.

AI는 조명 설계와 제어에서 반복적이고 복잡한 작업을 자동화하여 인간의 개입을 최소화하는 데 기여하고 있다. AI 기반 조명 시스템은 데이터를 분석하여 가장 적합한 조명 패턴을 제안하고, 실시간으로 조명 환경을 조정한다. 특히 대규모 영화 제작, 콘서트, 텔레비전 프로그램에서 AI는 수많은 조명 기구를 자동으로 제어하고 동기화하여 효율성과 정확성을 크게 향상한다. 예를 들어, AI는 카메라 각도, 배우의 위치, 연출 의도를 분석해 최적의 조명 설정을 제안할 수 있다. 이로써 조명 전문가는 수작업으로 일일이 조명을 설정하지 않아도 되고, 실시간으로 다양한 조명 효과를 자동으로 구현한다.

AI는 가상 스튜디오와 XR에서 조명 혁신을 함으로써

더욱 역할이 중요하다. 전통적인 물리적 조명 시스템 대신, 가상 조명은 디지털 환경에서 생성되며, 이 과정에서 조명의 정확성과 현실성을 높이는 데 기여한다. AI 기반 조명 시스템은 가상 객체의 위치, 모양, 색상 등을 분석하여 가장 적합한 조명 패턴을 자동으로 생성하며, 실시간으로 변화하는 환경에 맞춰 즉각 반응을 보인다.

특히 가상 스튜디오에서 AI는 카메라 움직임에 따라 조명 조건을 자동으로 조정하고, 배우의 동작에 맞춰 적절한 조명 변화를 실시간으로 구현한다. 이로써 제작 시간과 비용을 절감할 수 있으며, 제작 현장에서 더욱 창의적이고 예술적인 조명 연출이 가능하다.

조명 산업에서 AI는 상업 공간과 공공 조명 분야에서도 큰 변화를 일으키고 있다. 스마트 시티(smart city), 상업 건물, 대형 공공 공간에서는 AI 기반 조명 제어 시스템이 에너지 효율성을 극대화하고, 조명을 자동으로 최적화하여 비용 절감을 도모한다. AI는 공간의 밝기, 시간대, 사람의 이동 패턴 등을 분석하여 필요에 따라 조명을 자동으로 조정함으로써 에너지를 절약하고 사용자 경험을 개선해 준다.

AI 기반 조명 시스템은 또한 안전과 보안을 강화하는 데도 기여한다. 예를 들어, 공공 공간에서는 AI가 카메라와 센서로 주변 환경을 분석하고, 이상 징후가 발생하면 자동으로 조명을 조정해 해당 공간을 더 밝게 비추거나 경고 신호를 줄 수 있다.

AI는 조명 디자인의 창의성을 확장하는 데에도 중요한 도구가 될 수 있다. AI는 수많은 조명 데이터를 학습하여 다양한 디자인 패턴을 생성하고, 새로운 조명 스타일을 제안할 수 있다.

조명 디자이너는 AI의 도움을 받아 더욱 창의적이고 혁신적인 조명 연출을 시도할 수 있으며, AI는 인간 조명 디자이너의 상상력을 보조하는 역할을 한다. 또한 조명 디자이너가 수작업으로 구현하기 어려운 복잡한 조명 패턴을 자동으로 생성하고, 이를 바탕으로 실험적인 조명 연출을 가능하게 한다.

AI는 조명 산업 전반에서 혁신적인 변화를 주도하고 있으며, 자동화된 조명 설계, 가상 스튜디오 조명, 상업 · 공공 조명 시스템의 효율성 향상 등 다양한 분야에 걸쳐 그 영향력이 확대되고 있다. 단순한 조명 제어를 넘어 창의적인 조명 디자인을 가능하게 하고, 에너지 효율성과 비용 절감에도 기여하고 있다. 조명은 AI와 함께 앞으로 더욱 스마트하고 혁신적인 미래로 나아가고 있으며, 인간의 창의성과 기술이 결합된 새로운 시대를 전개하고 있다.

AI를 활용한 신기술 개발

인공지능(AI)은 다양한 산업에 혁신을 가져오고 있으며, 특히 조명 기술 분야에서는 창의적인 신기술 개발을 가능하게 하는 중요한 요소로 자리 잡고 있다. AI는 조명 설계, 제어, 분석 그리고 유지 · 관리 등 다양한 영역에서 활용될 수 있으며, 이로써 조명 시스템의 효율성을 극대화하고 새로운 형태의 조명 기술을 개발하는 데 기여하고 있다.

조명 산업에서 AI가 실질적인 기술혁신을 주도하는 몇 가지 주요 분야와 실제 사례를 살펴보면 AI는 조명 시스템을 자동화하는 데 매우 중요한 역할을 한다.

자동화된 조명 제어 시스템은 조명 기구의 동작을 데이터 기반으로 분석하고, 실시간으로 조명 패턴을 조정함으로써 에너지를 절약하고 사용자의 편의성을 극대화할 수 있다. AI 알고리즘은 사용자 행동 패턴, 날씨 조건, 시간대, 환경의 밝기 등을 고려해 최적의 조명 상태를 유지한다.

이와 같은 시스템은 스마트 조명과 같은 가정용 제품뿐 아니라 상업 공간, 공공시설에서도 에너지 절약과 편리성을 제공하며, 미래에는 더욱 지능화된 조명 시스템이 일상화될 것으로 예상된다.

증강현실과 AI의 결합은 조명 산업에서 새로운 기술 개발을 가능하게 한다. AI는 AR 환경에서 조명의 색상, 밝기, 그림자 등을 실시간으로 조정하여 사용자가 실제 세계에서 가상의 조명 상태를 경험할 수 있도록 한다. 이 기술은 특히 건축, 인테리어 디자인, 공연 예술 분야에서 조명의 시각적 효과를 사전에 확인하고 조정하는 데 유익하게 작용한다.

AI는 조명 기술에서 혁신적인 신기술 개발을 가능하게 한다. 자동화된 조명 제어, 증강현실과 결합한 조명 시뮬레이션, 예측 기반 유지 · 관리 그리고 창의적인 조명 설계 등 다양한 방식으로 조명 산업에 혁신을 가져오고 있다. 조명 설계와 유지 · 관리 그리고 예술적 연출을 더욱 스마트하고 창의적인 방향으로 이끌어 가고 있다. 앞으로도 AI는 조명 산업의 발전을 지속적으로 이끌며 새로운 기술과 융합될 것이다.

미래를 위한 제언

인공지능(AI) 기술은 조명 산업에 혁신적 변화를 가져오고 있으며, 방송, 영화, 공연, 전시 그리고 스마트 조명과 같은 다양한 분야에서 이미 그 잠재력을 입증하고 있다. 그러나 AI의 발전과 더불어 조명 전문가, 디자이너, 엔지니어 그리고 관련 산업 종사자들이 앞으로 나아가야 할 방향에 대한 고민과 전략적 접근이 필요하다. AI와 영상 조명의 융합은 기술적 혁신을 넘어 창의적이고 인간 중심의 조명 디자인을 어떻게 강화할 수 있는지를 보여 주는 중요한 기로에 서 있다.

AI는 조명 설계와 관리에서 뛰어난 자동화 기능을 지원하지만, 인간의 창의성, 직관 그리고 감정적 표현을 완전히 대체할 수는 없다. 따라서 AI와 인간의 협업을 더욱 강화하는 방향으로 기술이 발전해야 한다. AI는 데이터 분석과 반복적 작업에서 강점을 발휘하며, 인간은 창의적 아이디어와 감정적 연출로 조명의 예술성을 강화할 수 있다. AI는 인간의 능력을 증폭하는 도구로 사용되며, 인간과 기술의 균형 잡힌 협업이 미래 조명 디자인의 핵심이 될 것이다. 따라서 AI는 창의적 결정을 지원하는 도구로 협력하여 조명 디자이너가 새로운 아이디어를 탐구할 수 있도록 보조해야 하며, 인간의 직관적 판단을 강화하는 방향으로 사용되어야 한다.

미래의 조명 산업은 에너지 효율성과 지속 가능성을 고려한 기술적 접근이 필요하다. AI 기술의 빠른 발전은 윤리적 문제를 동반하며, 이는 조명 분야에서도 마찬가지다. 또한 AI가 자동으로 조명 설정을 제어하고, 실시간으로 데이터를 수집하는 과정에서 개인정보 보호와 데이터 보안 문제가 대두될 수 있다. AI 기술을 윤리적으로 활용하려면 데이터 사용에 대한 투명성과 규제가 필요하며 AI 시스템이 조명 설정과 연출에서 편향되지 않도록 주의해야 한다. 또한 조명 디자인의 창의성을 제한하거나 과도한 자동화로 인간의 역할을 축소하지 않도록 하는 규범이 필요하다. AI는 조명 전문가의 창의적 결정을 돕는 도구로 활용되어야 하며, 최종 책임과 판단은 인간에게 있어야 한다.

AI 기술이 점차 복잡해짐에 따라 AI 기술을 활용한 교육과 훈련의 중요성이 강조된다. 조명 전문가와 디자이너들은 AI와 협업에서 더 효율적으로 일할 수 있도록 교육과 훈련을 받아야 한다. AI 기반 도구와 소프트웨어를 적극적으로 학습하고, 새로운 기술을 자신들의 창의적 작업에 융합하고 활용할 수 있어야 한다.

미래의 조명은 AI 기술과 예술적 표현을 통합해 새로운 수준의 창의성을 달성할 수 있다. AI는 조명 설계에서 기술적 혁신을 가져오지만, 이는 예술적 목표와 결합될 때 더 큰 가치를 발휘한다. 예술적 조명 연출과 AI 기반 기술이 융합하면 새로운 형태의 시각적 경험을 창출할 수 있으며, 이로써 조명은 단순한 도구를 넘어 창의적 미디어로 진화할 것이다.

특히 공연 예술, 전시, 영화, 방송 등의 분야에서 AI는 더욱 정교하고 몰입적인 조명 효과를 구현할 수 있으며, 이는 관객들에게 새로운 차원의 감동을 선사할 수 있다. AI는 예술적 표현의 도구로써 그 잠재력을 극대화할 수 있으며, 인간의 창의성과 기술을 융합해 미래의 조명 예술을 선도할 것이다.

인공지능 기술을 활용해 예술적 조명 연출을 강화하고, 기술과 예술이 융합된 새로운 조명 디자인 패러다임을 제시함으로써 최고의 결과물을 만들 수 있다.

AI는 조명 산업의 미래를 변화시키는 중요한 기술이다. 그러나 그 잠재력을 극대화하려면 인간의 창의성과 AI의 효율성을 균형 있게 결합하여 조화를 이루는 것이 필요하다. 지속 가능한 에너지 관리, 윤리적 기준의 확립, 교육과 훈련 그리고 예술적 표현과 융합해 AI와 조명 예술은 함께 진화할 수 있다.

인간과 AI 기술이 공존하는 시대, 기술의 발전 속에서 영상 조명은 인간 중심의 창의성을 유지하고 확장하는 방향으로 나아가야 한다.

참고문헌

Fiveable.(n.d.). Real-time Responsive Lighting. https://library.fiveable.me

Gafton, P., & Maraz, E.(2020). 2D image relighting with image-to-image translation. arXiv. https://arxiv.org

Kocsis, P., et al.(2024). LightIt: Illumination Modeling and Control for Diffusion Models. arXiv preprint arXiv:2403.10615.

김용규

MBC플러스 조명 감독이다. 서울과학기술대학교에서 석사, 박사 학위를 받았다. 1993년 MBC 그룹에 입사해 30년 넘게 조명을 담당했다. 서울과학기술대학교 겸임교수로 조명연출론, 조명공학을 가르쳤다. 국가직무능력표준(NCS) '영상 조명'에 참여했다(2013). 현재 조명 감독으로서 다양한 장르의 방송 콘텐츠를 제작하고 있으며 조명과 영상에 관한 저술과 학회 활동을 하고 있다. 저서로는 『방송 조명 연출』(2015), 『촬영 조명 실무』, 『조명 연출』, 『디지털 영상 조명』 등이 있다. "방송조명에서 색온도가 영상에 미치는 영향분석"(2011) 등 다수의 논문을 게재했다.